ISBN 3-909158-72-2

Daum

KONZEPTION PHILIPPE RENAUD
KOORDINATION CORINNE FOSSEY
TECHNIK ALAIN POUYER
ÜBERSETZUNG SUZANNE LEU

Daum

TEXTE VON
CLOTILDE BACRI
NOËL DAUM
CLAUDE PETRY

WIESE VERLAG

DIE FAMILIE UND GLASMANUFAKTUR DAUM

Jean Daum 1825-1885.

Auguste Daum 1853-1909.

Ende des letzten Jahrhunderts lebte ein Notar glücklich und zufrieden in Bitche, an der Grenze zu Elsass-Lothringen, in einer seit langer Zeit mit Glashütten reich gesegneten Gegend. Von Geburt Elsässer, erfreute er sich in Bitche bald einmal eines gewissen Erfolgs, und zu den wichtigsten Klienten seines Büros gehörten nicht zuletzt auch Glasmacher. Man könnte glauben, die beneidenswerte Situation von Jean Daum - der stellvertretender Bürgermeister und zudem Vater von 6 Kindern war - hätte ihm ein glückliches Ende in dieser kleinen Provinzstadt eingebracht.

Aber es sollte anders kommen. 1871, nach einer schrecklichen Belagerung, die er zusammen mit seiner Familie in den Kellern seines eingestürzten Hauses verbrachte und bei der er "alles, ausser seiner Ehre verlor", zog er schliesslich nach Nancy. Seine Unnachgiebigkeit angesichts der Forderungen der Besatzungsmacht führten zu seiner Ausweisung, weil er Franzose bleiben wollte. Einige Jahre danach wurde er, der Jurist, durch unvorhersehbare Umstände zufällig Eigentümer einer Glashütte in Nancy. Dieses eigentlich unkluge Unterfangen hatte eher unangenehme Konsequenzen, und so waren auch seine letzten Jahre von Sorgen geprägt, bis er 1885 verfrüht starb.

Was war geschehen? Als er allein in seine anektierte Heimat zurückkehrte, um seine Option zur Annahme der französischen Staatsbürgerschaft wahrzunehmen, verkaufte er sein Büro. Nach seiner Rückkehr verleitete ihn sein gutes Herz zweimal, den Erlös aus dem Verkauf des Büros unternehmungsfreudigen Glasmachern zu leihen, die in Nancy eine Glashütte gründen wollten. Eine erneute Unvorsichtigkeit, die seinen Sohn Auguste zum Kommentar veranlasste, dass "bei all seinen Handlungen immer das Herz über die Vernunft siegte".

Zu jener Zeit existierte in Nancy noch keine Glasindustrie. Es hatte auch noch nie zuvor eine gegeben, aber die neuen Grenzen nahmen Frankreich die meisten seiner ehemaligen Glasmanufakturen in Lothringen und schufen eine spürbare Lücke. Schon bald beschlossen vertriebene Glasmacher aus Elsass-Lothringen zusammen mit Berufskollegen aus dem Norden eine Glasmacherei zu gründen. Sie planten von Anfang an im grossen Stil (die damals gebaute Werkhalle wird noch heute benutzt); allerdings so gross, dass sie in Konkurs gingen, was Jean Daum - fast möchte man sagen, den armen Jean Daum - dazu führte, das Unternehmen aus der Konkursmasse zu erwerben und zu versuchen, es wieder auf die Beine zu stellen. Er, der Notar, sah sich damals wider Willen zum Industriellen befördert, zum Führer von Leuten bei einer Tätigkeit, von der er bisher nur einige administrative Aspekte gekannt hatte, um deren Schwierigkeiten er aber nur zu gut wusste.

Die Unterstützung eines Technikers und ehemaligen Direktors von Sars Poterie, Hr. Marquot, und vor allem seines älteren

Sohnes, Auguste Daum, der gerne wie sein Vater Notar geworden wäre, führte Jean Daum dazu, das Experiment fortzuführen. Schritt für Schritt stabilisierte sich die Situation: das Unternehmen war gerettet. Diese Verkettung zufälliger Umstände und die Hartnäckigkeit dieser entwurzelten Menschen, die sich Problemen gegenübersahen, auf die sie nicht vorbereitet waren, die sie aber auch nicht umgehen konnten, wirkte manchmal beinahe pathetisch.

Es war vor allem der damals 27 jährige Auguste, der es ab 1878 verstand, die Moral seines Vaters aufrechtzuerhalten und aufzubauen. Später sprach man von den "Gebrüdern Daum", und noch heute nennt man diese jungen Glasmachermeister der rue du Pont-Cassé in den Katalogen und vielen dem Jugenstilglas gewidmeten Werken so. Auguste war der erste dieser "Gebrüder Daum" und lange Zeit auch der einzige. Er versetzte die auf wackeligen Füssen stehende Familienfirma in die Lage, sich zu einer berühmten Marke zu entwickeln, bis sie schliesslich an der Weltausstellung in Paris von 1900 zugleich mit dem unvergleichlichen Emile Gallé den Grand Prix errang. Zunächst aber musste er seinen Vater davon überzeugen, sich nicht entmutigen zu lassen, und die Qualität der Glaswaren überhaupt verbessern. Ein banales Unterfangen, könnte man denken, aber doch wert, hier erwähnt zu werden, denn man muss sich sehr wohl fragen, wie man 1891 von der Fabrikation von Bistrotgläsern, Karaffen und Uhrengläsern zur Realisierung von Vasen oder Lampen mit Blumendekor in einem farbenprächtigen, schwierig zu verarbeitenden Material gelangen konnte. Und wie das grossartige Team der Glasmacher, Graveure und Maler verschiedenster Herkunft ausgewählt wurde, das sich an diese künstlerisch enorm schwierige Aufgabe wagte.

Antonin Daum 1864-1930.

Auguste verfügte über keinerlei industrielle Ausbildung, aber einen Hang zur Präzision und ein äusserst ausgeglichenes Gemüt. Immer einsatzbereit und optimistisch, liess er sich von keiner Schwierigkeit unterkriegen und inspirierte in anderen Menschen Arbeitswillen und Zuneigung. Der Erfolg verdrehte ihm nicht den Kopf. Eines Tages sagte er: "Unterschätzen Sie das Fachwissen eines Chemikers, die Kunstfertigkeit eines Glasmachers und die Kompetenz eines Fabrikanten nicht, die erforderlich sind, um ein schönes "Bistrotglas" zu schaffen. Es muss völlig transparent sein, damit die verlockende Farbe der Flüssigkeit sichtbar bleibt; voluminös anzuschauen, um den Kunden zu verlocken; einen feinen Rand aufweisen, damit es seinen Lippen gefällt; dickwandig sein, mit stabilem Boden, um nicht allzu viel zu enthalten, und schliesslich schwer genug, um sich zur Notwehr zu eignen."

Ein Geschäftskatalog von 1890, also 12 Jahre nach der eigentlichen Geschäftsaufnahme der neuen Glasmacherei entstanden, zeugt von einer schnellen und beachtlichen Entwicklung. Die Tafelgläser waren elegant geworden, dünnwandig, verziert und von ausgezeichneter Materialqualität. Dieser Aufstieg war nur Auguste zu verdanken. Bis zu diesem Zeitpunkt war er der einzi-

Die Werkhalle um 1890.

Die Schneidewerkstatt um 1890.

ge, der das Unternehmen vorantrieb und leitete. Die grosse Veränderung, die zur eigentlichen Glaskunst führen sollte, erfolgte erst 1891, als er seinen jungen Bruder Antonin einlud, ihm nach dem Verlassen der Ecole Centrale zur Seite zu stehen. Er stellte bald fest, dass dieser um 14 Jahre jüngere Bruder mehr Künstler als Ingenieur war, und beschloss nach einer dem Tafelglas gewidmeten Probezeit, eine Kunstabteilung zu gründen, die er ihm anvertraute. Ein wagemutiger Entschluss, aber auch ein deutliches Zeichen seines Ehrgeizes.

Der junge Antonin war lange Zeit bettlägerig (vermutlich aufgrund einer nicht diagnostizierten Blinddarmentzündung). Um sich zu beschäftigen, entwarf er eine kleine Kollektion dekorierter Vasen, in einem von Gallé ganz verschiedenen Stil, aus farbigem Glas und vor allem mit Emailmalerei kombiniert. Zu diesem Zeitpunkt stand Gallé an der Spitze seines Ruhms und schuf verzierte Vasen, die bereits deutlich dem Jugendstil zuzurechnen waren. Sein Erfolg spornte die Gebrüder Daum (mittlerweile waren es ja zwei) dazu an, die Gelegenheit zu ergreifen und sich seinem Stil anzuschliessen.

Wir wissen ja, wie hochentwickelt diese Abteilung schliesslich wurde, doch lange Zeit hätte kaum jemand ihren späteren Ruhm vorherzusehen vermocht. Die Gebrüder Daum schufen sich einen "Namen", der nun auch auf die Unterseite und die Flanke der Vasen gemalt oder graviert wurde. Nur neun Jahre später wurde dieser heute so berühmte Name von der Jury der Weltausstellung von 1900 prämiert. Eine rege Geschäftstätigkeit begann. Neue Verfahrensweisen wurden ausgearbeitet, der Name patentiert, eine ganze Palette von Farbgläsern realisiert, die elektrische Lampe aus Glas geschaffen ... Dieser Arbeitseifer war übrigens typisch für jene Zeit. Die unmittelbare Nähe des Familiensitzes erlaubte es überdies, diesen in die Farbik zu integrieren.

Vor einiger Zeit konnte man lesen, die Gebrüder Daum seien letztlich bloss gute Gestiker gewesen - geschickt genug, wahren Künstlern zu erlauben, schöne Werke zu verwirklichen, auf denen sie schliesslich ihre eigene Signatur anbrachten. Nichts wäre ungerechter. Der Titel des Glasmachermeisters, den man ihnen zugestand, war weder eine Routinebezeichnung, noch eine reine Ehrensache, auch wenn sie die Glasmacherpfeife oder das Gravurrad nicht selbst führten (was übrigens auch für Gallé galt). Später wurde gelegentlich versucht, herauszufinden, welchem Künstler die Firma die eine oder andere Vase verdankte, als ob sie sie ganz alleine in ihrem Winkel vergraben geschaffen hätten. Vergebliche Liebesmühe. Die einzelnen Projekte stammten zwar vom einen oder anderen, aber sie waren nicht in diesem Ausmasse das Werk eines einzelnen. Manchmal stammte die Inspiration, manchmal die Konzeption von Antonin. 1897, anlässlich des Besuchs eines Ministers in Nancy, der sich zeigen lassen wollte, wie die berühmten Vasen entstanden, von denen man immer mehr hörte, sagte er dies vor versammeltem Personal auch ganz deutlich: "Ich ehre vor Ihnen meine guten Freunde Gruber und Bergé, meine treuen Helfer, die bevorzugten Interpreten meiner Entwürfe." Und man kennt ja seine engsten Mitarbeiter.

Er nahm nicht nur an der Gegenwart regen Anteil, sondern dachte auch an die Zukunft, an die Entwicklung des Stils, die Kreation immer wieder überarbeiteter Kollektionen, an die Perfektionierung der Techniken ... Jeden Vormittag, bei Arbeitsbeginn, fand er sich mit seinen Glasmachern am Ausgang des "Ofens" ein, um die am Vortag gefertigten Stücke zu begutachten, die über Nacht ausgekühlt waren. Zusammen mit ihnen evaluierte er sie und traf seine Entscheidungen in echter Teamarbeit; eine Methode, die auch seine Nachfolger weiterpflegten. Diese Teamarbeit war die Regel, und komplexe Werke wie die des Jugendstils konnten letztlich nur dank diesem Kontakt mit dem Material und den Menschen eine derartige Vervollkommnung erreichen.

Eine beachtliche Anzahl von Projekten wurde realisiert; was man heute an Verkaufsausstellungen oder in Museumsvitrinen brillieren sieht, legt Zeugnis davon ab. Manchmal war man überrascht, dass diese Kunst sich in einer Fabrik entwickeln konnte, da doch das Wort "Fabrik" in der Kunstszene verpönt war. Der Grund war wohl, dass das Glas nicht das Produkt einer einzigen Technik war. Also sollte es nicht weiter überraschen, dass Entwurf und Ausführung die Zusammenarbeit von Vertretern verschiedenster Disziplinen erforderte.

Antonin zeichnete insbesondere für die grossen Fortschritte, die zur Patentierung des Namens (z.B. die "décoration intercalaire" [Glaseinlageverfahren] von 1899) oder einfach zu einer neuen Aktivität (etwa der Konzeption der elektrischen Lampe aus Glas mit dem Profil eines Pilzes) führten, verantwortlich. Sie prägten die Entwicklung des Stils seiner Firma und entstanden unter seiner Leitung.

Eine Anekdote mag zur Untermauerung dieser Ansicht dienen. Als Antonin für seinen besten Glasmacher, Eugène Gall, die Ehrenlegion erhalten hatte, sagte er in seiner Ansprache : (1) "Erinnern Sie sich noch an die Zeit, mein lieber Eugène, als ich mich, blutjung wie ich war, an ihrer Seite auf die Bank in der Halle setzte und Ihnen von meinen Träumen erzählte, die sie damals für undurchführbar hielten ... die aber nur wenige Stunden später zur Wirklichkeit wurden." Denn auf diese Weise führte er seine Glasmacher dazu, sich selbst zu überflügeln und Dinge zu versuchen, die noch nie getan worden waren und die man für nicht realisierbar hielt.

Die Anfertigung von Einzelstücken für besondere Anlässe war recht häufig: etwa anlässlich der Durchreise eines Ministers durch Nancy, oder für eine offizielle Mission auf Besuch aus Russland, als Geschenk an die Frau des Bürgermeisters von London, das von L. Blériot über den Kanal transportiert wurde, und vor allem anlässlich von Heiraten, Familien- oder Geschäftsjubiläen etc. Man war der Ansicht, es sei im Bereich

(1) Er selbst war Major der Ehrenlegion.

Dekor um 1890.

Die Dekorateure um Bergé. Um 1890.

der Kunst unerlässlich, genug Zeit auf seltene und vor allem ausgesprochen aufwendige oder ausgefallene Werkstücke aufzuwenden.
Was geschah nun aber zwischen 1891 und 1900? Auguste war der unbestrittene Leiter des Unternehmens und für alle Produktionen verantwortlich. Der von Antonin und seinen anfänglich wenigen Mitarbeitern eingenommene Platz erweiterte sich zusehends. Die emaillierten und mit Blumenmustern und Libellen verzierten Vasen oder die Goldmalerei hatten natürlich einen Ehrenplatz inne, wurden aber zusehends durch am Rad gravierte Vasen oder Malereien auf immer häufiger gefärbtes Glas verdrängt. Antonin hatte einen ganz besonderen Geschmack und auch ein Talent für Farben, und so schrieb die Zeitschrift Lorraine Artistique über ihn: "Eine Vitrine mit Glaskunstwerken scheint uns aus der Ferne anzulocken" (wohl etwas übertrieben).
Neulinge mussten nun in diesem immer beliebteren Beruf eingestellt und ausgebildet werden. Schon bald zählte die Belegschaft bereits 400 Personen, und man beglückwünschte sich, dass die Gründer damals so gross vorausgeplant hatten: die Firma Daum war zu einem Grossunternehmen geworden. Talentierte Leute, die bereit waren, den Geist der Firma weiterzutragen, wurden gerne in die Belegschaft aufgenommen: etwa Bernhard Gruber oder die Gebrüder Schneider, die einige Jahre vor der Gründung ihrer eigenen Firma bei Daum arbeiteten; dann aber auch Amalric Walter, der um Gastfreundschaft und finanzielle Hilfe bat und sowohl eine freundliche Aufnahme als auch auch eine künstlerische wie technische Zusammenarbeit fand.
Diese menschlichen Qualitäten fanden ihre Anwendung auch auf der Stufe der Ecole de Nancy. Die Gebrüder Daum und Majorelle schlossen enge Freundschaft und auch ihre Familien verkehrten miteinander. Gute Beziehungen bestanden auch zu den Möbelschreinern Vallin und Férez, den Architekten André, Charbonnier, Mienville ... sogar ausserordentlich gute. In bezug auf Emile Gallé wartete man allerdings bis 1900, als die Weltausstellung aufzeigte, dass es in Nancy einige von verschiedensten Juries anerkannte Talente gab und nicht nur einen einzigen grossen Künstler. Es kam sogar zu etlichen Scharmützeln: Als Gallé um 1893 beschloss, seine Arbeit mit Hilfe von Patenten zu schützen, tat Daum es ihm gleich, um Verdachtsmomente zu zerstreuen, aber nachdem Gallé 1989 zwei Patente für seine Intarsientechnik ("marqueterie de verre") und die Glaspatinierung beantragte und erhielt, beantragte Daum, um in seiner Tätigkeit nicht eingeschränkt zu werden, 1889 ebenfalls ein Patent für seine Glaseinlagetechnik. 1900, nach dem Umschwung durch die Medaillenvergabe an der Weltausstellung, änderte sich dies und es wurde beschlossen, sich zur "Ecole de Nancy" zusammenzutun, mit Gallé als Präsidenten und Daum als Vizepräsidenten. Von da an grüsste man sich mit "cher maître".
Man nahm nun an allen Ausstellungen teil, deren Medaillen sich

als echter Ansporn erwiesen. Jene von 1897 in Brüssel kennzeichnete einen deutlichen Abschnitt in der Entwicklung. Oder wie es die damals berühmteste Zeitschrift, "L'Illustration", ausdrückte: "Allein Daum repräsentiert die französische Glasmacherkunst, aber mit Eklat. Sein Erfolg ist beachtlich und ganz und gar durch ein Gesamtwerk berechtigt, das überaus interessant ist und einige wahre Meisterwerke aufweist - sowohl in bezug auf die ihr zugrundeliegende ästhetische Idee wie der Schönheit ihrer Ausführung", und fügte hinzu: "Oft begleitet ein intellektueller Gedanke die ästhetische Inspiration, aber dieser ist, wir möchten dies betonen, immer untergeordnet. Dennoch entsteht, sobald das Werk erst vollendet ist, eine intellektuelle Freude daran, die das Vergnügen des reinen Anblicks ergänzt." Schliesslich verlieh die Regierung Auguste die Ehrenlegion - "verdienterweise" (stand im entsprechenden Zitat), da sie die ungeheuren künstlerischen Anstrengungen der Verreries de Nancy (denn so hiess damals das Unternehmen) in angemessener Weise krönte. Tatsächlich hatten diese Neulinge in der Welt des Glases und der Kunst nichts zu verlieren. Sie konnten ihre Schulden erst 1898 tilgen und waren ausserordentlich risikofreudig. Über die Weltausstellung sagte Antonin in einer Ansprache an sein Personal: "Ich habe sie nicht immer gemocht, diese Ausstellung. Jetzt können wir stolz sein, dass wir daran teilgenommen haben. Wir wurden wie die Prinzen behandelt. Wir bekamen einen Salon, Grünpflanzen und elektrische Lampen zur Verfügung gestellt. Der Präsident der Republik, Herzöge, Künstler, Wissenschaftler, die Direktoren der grossen Museen - alle kamen, um uns ihren Bückling zu machen. Und die Jury gab uns den Grand Prix, eine Entschädigung, die andere, bedeutende Glasmanufakturen nie erhalten haben. Einige Neider protestierten sogar dagegen."

Der Daum Stand an der Ausstellung "Die Ecole de Nancy" in Paris, 1903.

Als Gallé 1904 starb, wurde Antonin der Führer der Lothringer Glasindustrie. Dann, 1909, starb Auguste Daum, besiegt von seiner Diabetes. In Nancy war er zu einer Persönlichkeit von Rang geworden: Präsident des Handelsgerichts, Mitglied der Handelskammer etc. Das Unternehmen ging gut und Antonin wurde der unbestrittene Nachfolger. Von ganz anderem Wesen als Auguste, wusste er den ihm übertragenen Bereich zu neuen Höchstleistungen zu führen und umgab sich mit fähigen, treuen und leidenschaftlich der Glaskunst ergebenen Mitarbeitern wie er selbst einer war. Sein Einfluss auf andere Menschen stützte sich auch mehr auf seine Überzeugungskraft als seine Autorität. Er war, wie alle Künstler, ausserordentlicht feinfühlig und oft nur teilweise von seinen Resultaten befriedigt.

Im Verlaufe der ersten Jahre des eben erst beginnenden 20. Jahrhunderts schuf er seine wohl schönsten Werke; jene, die in jüngsten Verkäufen weltweit Rekordpreise erzielten, die bei Auktionen sogar noch übertroffen wurden. In Literatur wie Musik gebildet, wurde er an die Académie Stanislas berufen - in Nancy eine grosse Ehre. Zugleich begann sich eine Ablösung abzuzeichnen. Auguste hatte 4 Söhne, Antonin nur einen. 1907

Der Glasbläser nimmt das Kristall am Ende seiner Glasmacherpeife auf. Um 1920.
Anbringer der Glasschichten eines Überfangglas. Um 1920.
Die Vase wird in den Kühlofen gestellt. Um 1920.

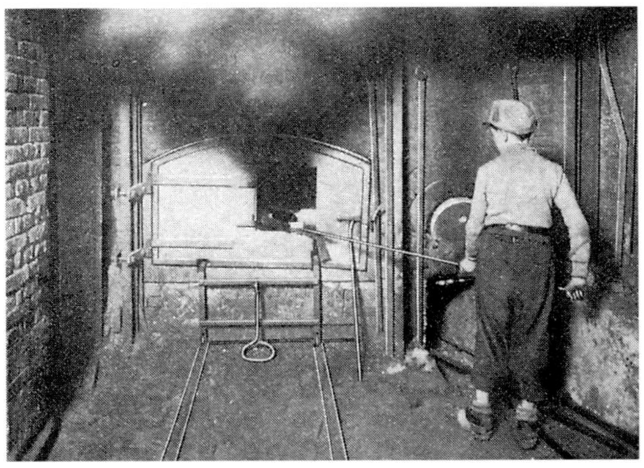

wurde Jean, der älteste unter ihnen, aufgefordert, sich in der Glaskunst auszubilden. Aber er fiel 1916 in Verdun. Daraufhin traten zuerst Paul, dann Henri der Firma bei. Paul war von ganz anderem Temperament, ständig aktiv. Léon hingegen suchte sein Glück woanders. Er besuchte das Polytechnikum und wurde Mineningenieur bei Lyautey, einer anderen Lothringer Firma.

Dann stand vorübergehend alles still. 1914 erloschen die Öfen und die Fabrik wurde zum Feldlazarett (die Front befand sich nur 16 km von der Stadt entfernt). Man wollte es zwar noch nicht wahrhaben, aber eine neue Zeit war angebrochen. Alle waren sich jedoch über eines einig: ein "Name" war geboren worden. Wenn man sagte, "das ist ein Daum", sprach man immer von einer schönen Vase. Der Familienname Daum war zu einem geläufigen Begriff geworden.

Als der Krieg 1918 schliesslich zu Ende war und die Mitarbeiter demobilisiert wurden, wurde Bilanz gezogen. Dann wurden die Öfen, die erst einmal repariert werden mussten, wieder in Betrieb genommen. Alles musste von Hand neu angefertigt, oft sogar der Beruf neu erlernt werden. Welche Modelle sollte man nun entwerfen? Alle Gedanken richteten sich nun auf die Kunstglasfertigung, auch wenn natürlich wieder mit der Produktion von Tafelglas begonnen wurde.

Antonin Daum, einer der grossen Namen des Jugendstils, war sich wohl bewusst, dass der Erfolg eines bestimmten Stiles nicht mehr als 30-40 Jahre dauern konnte, vor allem nach einer Lücke von über vier Kriegsjahren, die die Geister aufrüttelten, die Mentalitäten veränderten und das Land verarmen liessen. Er traf deshalb zwei bedeutende Entschlüsse, die sich als richtig und rettend erweisen sollten.

Zunächst nahm er in der Glasmanufaktur von Pont-Cassé die gleiche Art Tätigkeit auf und zwar auf dem Vorkriegsniveau, was seine Kollegen unterliessen. Dieser Beschluss beunruhigte ihn manchmal so sehr, dass er gute Freunde um Rat bat. 1930 trugen seine Überlegungen Früchte; seine Kollegen gingen dem Untergang entgegen und verschwanden einer nach dem anderen von der Bildfläche. Daum überstand als einziger die Krise. Die zweite Entscheidung war genauso mutig: Um den Vorkriegsstil weiterzuführen, hatte sein Neffe, Paul Daum, einige sehr persönliche Ideen. Antonin vertraute ihm und zog sich in bezug auf den kreativen Teil der Arbeit zugunsten dieses vor Ideen übersprudelnden Neuankömmlings zurück. Ohne Zweifel war er manchmal etwas unruhig, wenn Paul ohne zu zögern, Modelle schuf oder Farben verwendete, die die Ehemaligen mit den Zähnen knirschen liessen. Er hielt sich zurück und beobachtete die Entwicklungen, und die gab ihm Recht. Nach einer gewissen Übergangszeit trug das Unternehmen Daum entscheidend dazu bei, jenen Art Déco Stil zu prägen, der sich nach der berühmten Kunsthandwerkausstellung von 1925 als derjenige französische Stil erwies, der den Untergang des Jugendstils einläutete.

Dieser dritte Sohn von Auguste Daum war ein echtes Phänomen. Er zog als Artilleriekanonier in den Krieg und kehrte als Flieger und Staffelkommandant mit einem Kriegsverdienstkreuz zurück. Ununterbrochen in Bewegung, immer voll neuer Ideen, war er überzeugt, dass der neue, noch zu definierende Stil die gleichen Kriterien erfüllen musste wie die der Kunsttischlerei, der Tafelkunst etc. Er kannte alle und alle kannten ihn. In Nancy nannte man ihn nur den "cent pour cent parlant" [100%igen], als das Kino diese Bezeichnung für den Tonfilm einführte. Er begriff schnell, dass die sich im Kunsthandwerk abzeichnende Revolution tiefgreifend sein und harte Arbeit erfordern würde. Gewisse Theoretiker erklärten zudem die Ornamentik zum Feind schlechthin, was auf den ersten Blick einem Selbstmord glich. So gab er schon bald die flexiblen und anmutigen Formen zugunsten einer vom Kubismus inspirierten Geometrie auf, die die Malerei in Paris im Fluge erobert hatte. Er wollte alles erneuern. Das Glas wurde dicker und erneut transparent. Die reiche Palette delikater Blumenfarben wurde in die Archive verbannt und durch einige absichtlich künstliche Farben ersetzt. Zu Anfang blieb noch etwas florales, wenn auch kaum wiederzuerkennendes und stark stilisiertes Dekor übrig, verschwand aber bald ganz von der Bildfläche.

Die Art Déco Formen sind so bekannt, dass dazu nichts weiter gesagt werden muss. Was aber weniger leicht zu erkennen ist, ist die Bedeutung des geleisteten Einsatzes. Man musste "das, was man liebte, verbrennen", ohne zu wissen, wie die Öffentlichkeit dieses Unterfangen aufnehmen würde. Um eine derartige Umstrukturierung in einer Firma wie Daum durchzuführen, die sich dank ihres vergangenen Ruhmes stark fühlte, war ein "Rattenfänger", ein ewiger Enthusiast wie Paul nötig, der es schaffte, die Zaghaften und Beunruhigten zu überzeugen. Ph. Friedel schrieb über ihn: "Es ist schwierig, Paul Daum zu definieren. Wenn wir ihn uns in Erinnerung rufen wollen, dann indem wir die Augen schliessen. Eifer und Bewegung lassen sich nicht mit blossen Worten einfangen."

Er war ursprünglich gelernter Ingenieur, hatte das "Institut de physique et chimie" in Nancy (wie später Michel) besucht und dort eine gewisse Urteilsfähigkeit in bezug auf Materialprobleme erworben, die übrigens nicht selten auftraten. Er führte die vermehrte Verwendung von Fluorwasserstoffsäure (Flusssäure) ein und variierte die Wirkungen auf die Aussenseite des Glases. Auch die ausgeglichene Haltung eines Chemikers machte sich bezahlt. Er musste schliesslich auch mit Menschen umzugehen wissen, denn wie in jeder Glasmanufaktur, galt es auch hier immer wieder, persönliche Probleme zu bewältigen. Leute, die vor 1914 Experten der Glastechnik waren, waren nicht mehr zu gebrauchen, wurden zur Seite geschoben oder umgeschult. Manche verkrafteten dies nicht. Es gab keine Blumen mehr mit dem Rad zu gravieren, und die Graveure sahen sich zu einer weniger edlen Arbeit, dem Flächenschneiden, gezwungen. Die Maler mussten anderswo ihr Glück suchen.

Das Designatelier, um 1920.

Ein Graveur um 1920.

Um diesen Preis meisterte die Firma Daum die Wende der Nachkriegszeit und überlebte. Die Glasindustrie von Nancy fristete allerdings nach ihrem Ruhm der Vorkriegszeit zwischen 1920 und 1930 ein Schattendasein. Allein Daum blieb übrig, was wieder einmal bewies, wie wenig überdauernd dieser Kunstbereich war.

"Jene, die leben, sind jene, die kämpfen, sind
Jene, deren Seele und Kopf von einem festen Schicksal erfüllt sind ..."

schrieb Victor Hugo einst. 1927 begriff man erneut die Notwendigkeit eines solchen Denkansatzes. Die Grands Magasins forderten billige Glaswaren, wenn auch wie um 1900 verziert. Diese konnten zwar unter der Marke Daum produziert werden, deren Ruf aber darunter litt. Die Lösung fand sich schliesslich in der Übernahme der Glasmanufaktur von Croismare, bei Lunéville. Nun war es Paul, der sich darum kümmerte, sich dort mit seiner Familie für einige Jahre niederliess und das schuf, was man heute "le Lorrain" nennt. Er wurde schliesslich von Michel Daum, dem Sohn Antonins, abgelöst. Doch auch nach seiner Rückkehr nach Nancy blieb er aktiv. Er wurde stellvertretender Bürgermeister, Gründer-Präsident des Aero-Clubs de l'Est. Dann gründete und leitete er in Paris die Verbandskammer der Glasmanufakturen, um der Industrie eine moderne Organisationsbasis zu verschaffen.

Ein Graveur an der Schleifscheibe um 1920.

Werkstatt zur Aufbringung des Bitumens bei der Ätzgravur um 1920.

Doch 1939 erloschen die Öfen erneut. Es war wieder einmal Krieg.

1945, als sie wieder in Betrieb genommen wurden, hatte die Stillegung fast 5 Jahre gedauert. Henri und Michel übernahmen nun die Leitung der Firma. Paul lebte nicht mehr. Er hatte ein Widerstandsnetz aufgebaut und geleitet. 1943 wurde er verhaftet und in Fresnes eingesperrt. Er starb an den Folgen der Behandlung im Lager Neu-Breme, bei Saarbrücken. Sein Bruder Henri und sein Cousin Michel übernahmen die Verantwortung, der eine die Geschäftsleitung, der andere die kreative Leitung. Einmal mehr wurde beschlossen, in eine neue Haut zu schlüpfen, die Vorkriegsmodelle in die Archive zu verbannen, und sich ganz auf Kristallglas zu konzentrieren - nicht etwa auf den Spuren eines Baccarat und Saint-Louis, sondern um noch nie Dagewesenes zu schaffen. Wie immer war auch diese Stilrenovation vom Wechsel des Verantwortlichen begleitet.

Die Innovation wurde schon bald von Michel in der Konzeption der reinen Kristallformen gefunden: farblos, dickwandig, im Gegensatz zum herkömmlichen Verfahren nicht als Blasarbeit in einer Form, sondern durch Ziehen und Formen mit der Zange und der Schere geschaffen. Eine Handarbeit natürlich; das Kristallglas (denn das reine Glas wurde aufgegeben) wurde auf einer Glasmacherpfeife modelliert und die klassische Facettenschneiderei mit der Form aufgegeben. Michels Entwürfe waren ebenso originell wie persönlich. Er liebte es, in der Werkhalle, in enger Zusammenarbeit mit seinen besten Glasmachern, Martin und Kimmel, zu arbeiten, die er so anleitete, dass das noch formbare Kristallglas die gewünschte Form annahm. "So entstehen einfarbene und dicke Kristallobjekte, deren Dekor Teil des natürlichen Spiels der Linien und des Lichtes werden", wie die Maison française einst schrieb. "Diese neue Technik gestattet es dem Material, zu fliessen; das Objekt scheint die Geste des Glasmachers zu verlängern. Es ist eine Kunst der Bewegung, die es erlaubt, reine Dekorobjekte, eigentliche Kristallglaskulpturen zu schaffen."

Das Resultat war originell, auch wenn gewisse Kunstkritiker behaupteten, sie würden darin eine Kopie der schwedischen Glasmanufakturen erkennen. Diese Bemerkung war etwas überraschend und derart bösartig, dass das zuständige Schiedsgericht sie abwies und für diese neue Ästhetik den Namen "style Daum" vorschlug. Dieser kreative und originelle Stil sollte 25 Jahre überdauern und oft nachgemacht werden. Sein Einfluss erstreckte sich bis in die Vereinigten Staaten, wo Steuben um 1935 direkt von den Entwürfen Michel Daums inspirierte Werke schuf.

Wie könnte man diesen radikalen Wechsel charakterisieren? "Indem man auf Grösse verzichtete, wirkt dieses Werk nur durch die ihm eigene Schönheit. Daraus entsteht ein bereinigtes und offen wirkendes Objekt, eine direkte Materialverarbeitung, die die Genese des Objekts erkennen lässt", schrieb Fr. Grand. In einem Material von ungewohnter Dicke, dessen Reinheit und Glanz ohne Unterlass verbessert wurden, entstanden nun abstrakte Formen ebenso wie eine bedeutende Tierwelt. Die Vasen selbst liessen die traditionelle, von der Schleifscheibe aufgezwungene Form der Revolution vergessen. Schon bald erfreuten sich Kristallvögel, Flammenformen, flache Schalen und Tannen, deren Äste in 1000 Lichtern glänzten, eines grossen Erfolges und ermutigten Michel auf seinem Weg.

Michel Daum in seinem Designatelier im Jahre 1950.

Für ihn war es nun bereits der dritte Stil, den er in der Firma verwirklicht sah. Und wie immer war die Umstrukturierung einer Glaskunst zugleich ein Sprung ins Unbekannte, zu dem der Künstler sich mit seiner ganzen Begeisterung, seinem Forschungswillen und seinen Versuchen förmlich gezwungen sah. Wieder einmal war das Unternehmen in seiner Tätigkeit, seinem Überleben gefährdet. Doch von der Kritik und dem Erfolg seiner Kreationen ermutigt, wusste Michel, dass der von seinen Vorfahren geschaffene "Markenname" erhalten bleiben würde.

Mittlerweile kümmerte sich Henri um die Fabrikation von Tafelgläsern sowie die Aufrechterhaltung einer immer verbesserten Qualität.

1955, als offizielle Stellen eine Landesausstellung organisieren wollten, die der Öffentlichkeit das neue französische Kunsthandwerk präsentieren sollte, konstatierten sie mit Bedauern, dass es keines mehr gäbe ... Ausser in einer Branche, der Glaskunst, mit Daum und Lalique, die einen neuen Stil zu schaffen gewusst hatten, der zu überdauern vermochte. Die Kunsttischlerei und die anderen Disziplinen hatten den Krieg

Heissgeformte Schale mit Vasenhals 1960.

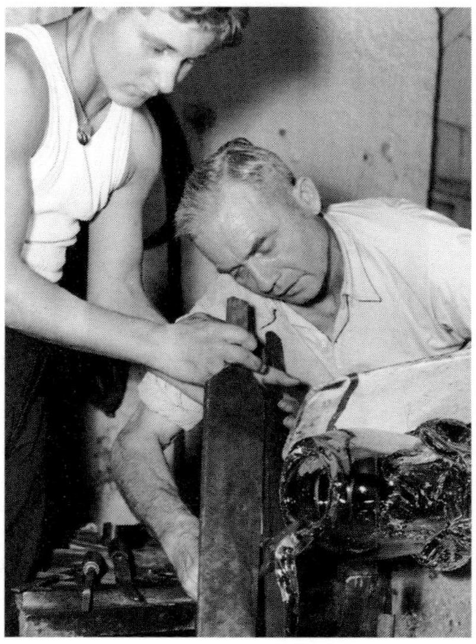

Heissbearbeitung von Kristall um 1965.

nicht überlebt. Nur die Glasmacher verstanden es, ihren Stil zu erneuern, zu diversifizieren und ihm ein langes Leben zu sichern. Dann übergab Michel die Leitung an Jacques Daum. Dieser, ein Enkel von Auguste, wählte zunächst eine kaufmännische Karriere, weil es für die Kinder seiner Generation nach seinem Abgang von der HEC keinen Platz in der Familienfirma gab. Ende des Krieges wurde es allerdings notwendig, die kommerzielle Seite wiederzubeleben, und so wurde er in die wiederauflebende Kunstglasmanufaktur eingeführt. Er gehörte der nunmehr vierten Generation an.

Um den Bereich, der sich mit den schweren Kristallgläsern auftat, zu bereichern, verfiel er auf die Idee, die Glaspaste, mittlerweile nur noch eine blasse Erinnerung aus der Zeit vor dem ersten Weltkrieg über die keinerlei technische Kenntnis mehr vorhanden war, erneut in die Firma einzuführen. Das war nicht ganz einfach, und man kann sich gut vorstellen, dass es ziemlich viel Hartnäckigkeit seitens des Fabrikationsdirektors Antoine Froissart, eines Enkelkindes von Antonin, brauchte, um dieses Verfahren erneut auszuarbeiten. Dann musste entschieden werden, welche Modelle verwirklicht werden sollten, denn sie sollten dem modernen Geschmack - soweit dieser überhaupt klar definiert werden konnte - entgegenkommen. So kam Jacques auf die Idee, renommierte Bildhauer aufzufordern, sich an diesem für sie neuen Material zu versuchen und ihm Modelle vorzuschlagen, die er dann unter ihrer beider Signaturen in Glaspaste ausführen lassen wollte.

Dieser Anstoss erwies sich, weit über seine Hoffnungen hinaus, als voller Erfolg. Von einem der Maler, Salvador Dali, die so zu ihm kamen, erhielt er 5 Modelle auf einmal, die sich zur sofortigen Umsetzung seiner Initiative in die Wirklichkeit eigneten. Einige davon waren reine Meisterwerke abstrakter Konzeption (Fleurs du mal), andere beunruhigten Jacques wiederum; vor allem jenes Werk, das den im voraus von Dali ausgesuchten Namen "L'important c'est la rose" erhielt.

Die Geschichte verdient, erzählt zu werden. Er ging mit Dali am Strand von Cadaquès spazieren, der recht stark durch angeschwemmte Abfälle verunreinigt war; plötzlich blieb der "Meister" vor zwei recht schmutzigen Plastikflaschen stehen. Für Dali stand fest, dass er hier das Thema eines der versprochenen Modelle in Händen hielt. Er verbeulte mit einigen Faustschlägen die einfachen, orangfarbenen Flaschen und verzierte sie mit ein paar schleimigen Schnecken, und schon war die Glaspaste veredelt. Jacques kehrte zunächst etwas beunruhigt nach Nancy zurück. Aber schon bald trug die Zusammenarbeit mit Dali sowohl in bezug auf die Qualität wie die Zahl der Modelle Früchte.

Auch mit Bildhauern ganz anderer Stilrichtungen trat schon bald der Erfolg ein. Dieser Aufruf an die Künstler von ausserhalb der Manufaktur wurde von nun an, ohne ausschliesslich zu sein, zum Prinzip. Es war eine Möglichkeit permanenter Diversifizierung, die den Surrealismus mit der figürlichsten

Bildhauerei verband. Im gleichen Geiste verfiel er dann auch auf die Idee, César nach Nancy einzuladen, um Kristallglas zu giessen. Noch nie wurde Glas auf diese Weise behandelt. Es wurde topfweise, noch flüssig, bei ungefähr 1'200°C auf den Boden gegossen. Das war, wenn auch nicht gerade respektlos, zumindest originell.

Die Glaspaste bot auch eine andere Möglichkeit der Öffnung nach aussen. Im Laufe der vorhergegangenen Jahre hatte das Kristallglas als Material an Reinheit und Leuchtkraft gewonnen. Da mittlerweile auch alle anderen französischen Glasmanufakturen Kristallglas produzierten, bestand das Risiko einer gewissen Monotonie, sofern nicht erneut Farben eingeführt wurden. Da das Bleikristall gewisse Färbemittel nicht annahm, musste man sich wiederum der Glaspaste zuwenden: eine Aufgabe, die er Pierre de Chérisey-Daum, einem Enkelkind Antonin Daums, anvertraute. Die Glaspaste hatte darüber hinaus den Vorteil, die Farbelemente nicht verfliessen zu lassen, wie dies bei der Heissverarbeitung mit der Glasmacherpfeife geschah.

Diese Verbindung wurde von allem Anfang an zum vollen Erfolg. Unter dem Namen "Coppelia" entstanden nun Schalen, Lampen etc. Ein neuer Weg öffnete sich, der es erlaubte, die zwei Elemente separat zu verarbeiten, um Kompositionen zu erhalten, von denen es seit langem keine Beispiele mehr gegeben hatte. Ein neuer Stil war geboren - und Daum war die einzige Kristallmanufaktur, die sich eine solche Kreation erlaubte.

Eigentlich entwickelte sich diese Ästhetik erst richtig unter dem Nachfolger von Jacques. Pierre de Chérisey, der mittlerweile zum Präsidenten avanciert war, fand seinerseits zahlreiche Anwendungsmöglichkeiten. Dabei hielt er sich durchwegs an die bereits weiter oben erwähnten Gebote, und an die Regel, dass alle Stile nach einer gewissen Zeit veraltet sind. Eines aber blieb immer bestehen: Die Liebe zum Glas und die Idee der Kunstglasindustrie wurden von einer Generation an die nächste weitergegeben.

César und Jacques Daum 1967 beim Glasgiessen.

Bis heute erscheint der Name "Daum" oft in Kunstzeitschriften oder Verkaufskatalogen. Weltweit bekannt, sorgen Museen, Ausstellungen oder Privatkollektionen auch weiterhin für seine Verbreitung. Der eigentliche Ruhm blieb bisher den Werken des Jugendstils vorbehalten; aber wie es die Tradition will, werden nach langen Jahren des Wartens, eines Tages auch die anderen Zeiten und Stile am Ruhm teilhaben. Schliesslich hat es dieser Name immer wieder geschafft, nicht bloss Gegenstand eines rein historischen Interesses zu bleiben, und sich jedes Mal erneut als ein lebendiges Element der zeitgenössischen Geschichte des Kunsthandwerks behauptet.

Noël DAUM

1986 hat Daum unter der künstlerischen Leitung von Clotilde Bacri einen einzigartigen Platz im Kunsthandwerk errungen, als sich die Firma der Mitarbeit von Künstlern versicherte, die seither Klassiker geworden sind: Hilton McConnico, Philippe Starck, Elizabeth Garouste und Mattia Bonetti, André Dubreuil .

Parallel dazu führte der Wunsch, in der Glaskunst vermehrt Farben zu verwenden, Daum dazu, der Glaspaste einen wichtigen Platz in den Kollektionen einzuräumen, die das Daumsche Designatelier, das sich heute in Nancy befindet, anhand der Motive "Natur" und "Bacchus" entwickelte .

DAUM - METAMORPHOSEN EINES JAHRHUNDERTS

DAUM 1891-1991: ein Jahrhundert neuer Berührungspunkte und überraschender Kombinationen von Technik, künstlerischem Schaffen und Zeitstil.

Die Geschichte der Glasmanufaktur Daum und die des Jahrhunderts von 1891 bis 1991 weist viele Gemeinsamkeiten auf. Sie war gekennzeichnet von feinfühligen Interaktionen und geteilten Empfindungen, von manchmal ganz offensichtlichen, manchmal aber auch subtil hintergründigen Übereinstimmungen in bezug auf die Interpretation des Zeitstils.

Ist dies wirklich nur Einbildung? Waren diese Anklänge gewollt oder blosse Zufälle? Heute scheinen die Analogien oft geradezu verwirrend.

Eines aber ist gewiss: Aus der Interaktion zwischen den ständig verbesserten Verfahren und einer zusehends deutlicheren künstlerischen Feinfühligkeit entstand ein beeindruckendes Werk. Diese Merkmale lagen von allem Anfang an dem Geiste der Firma Daum als Konstante zugrunde.

Die erstaunliche Geschichte dieses Stils begann in einer kleinen Glashütte in Nancy, die 1878 von Jean Daum und seinem Sohn Auguste zu neuem Leben erweckt wurde.

Die Produktion der ersten Jahre war klassischer Art und folgte dem hochgeschätzen Geiste des 18. Jahrhunderts, aber schon bald suchte sie durch Neuerungen von Stil und Technik nach einer eigenen Identität.

1891 vertraute Auguste Daum seinem Bruder Antonin die künstlerische Leitung des Familienunternehmens an und gründete eine Kunstabteilung. Dies war der Anstoss zur Verbreitung und Wirkung der Glasmanufaktur der Gebrüder Daum.

Antonin verfügte über die erforderliche Intuition, Vorstellungskraft und technischen Kenntnisse, um eigene Verfahren und einen eigenen Stil zu entwickeln. Er experimentierte, forschte und innovierte, und wusste das Talent der in seiner Werkstatt tätigen Künstler zur Perfektion zu führen.

Zudem war er immer offen für die Veränderungen seiner Zeit.

Die Zeit von 1860 bis 1900 erwies sich als Schmelztiegel verschiedenster Richtungen, in dem der japanisierende Stil, der Präraffaelismus, der Symbolismus und der Impressionismus aufeinandertrafen.

Antonin, der aufmerksam diese künstlerischen Tendenzen verfolgte, wusste durch seine Forschung über die Natur des Lichts und der Farben, der Formen und Materialien, aus der Firma Daum einen Vorkämpfer dieser Umwälzungen in der bildenden Kunst zu machen.

Die grossen Ausstellungen, bei denen die Gebrüder Daum immer zugegen waren, prägten die Kultur jener Epoche entscheidend: etwa 1893 die Ausstellung in Chicago, 1895 und 1897 diejenige in Brüssel, anlässlich derer Antonin die Ehrenlegion erhielt, dann 1900 die Weltausstellung von Paris, bei der Daum der Grosse Preis verliehen wurde, die Ausstellungen im Pavillon von Marsan von 1903, in Galliera und Brüssel von 1910, und 1925 schliesslich die Kunstgewerbeausstellung in Paris.

Uns bleibt nur noch, zusammen mit Daum, die Tendenzen und

Gemeinsamkeiten der Entwicklung dieses Jahrhunderts zu verfolgen.
Vom farblosen, dickwandigen Glas der Anfangszeiten der Manufaktur führte 1880 und 1890 eine erste Diversifizierung die Gebrüder Daum dazu, die Glaswaren des Régence, Trianon und Rhénan Services zu entwerfen - ganz nach dem Geschmack jener Zeit, aber bereits mit raffinierten Verzierungen geschmückt.
Schon bald erschienen "Phantasiestücke": kostbare Zeugnisse der Stilforschung jener Zeit, die vor allem der Verzierung den Vorzug gaben.
Ornamente aus stilisierten Blumen- und Laubranken, Niello und Schnörkeln verzierten die mit Email- oder Goldmalereien bedeckten Flächen in Überfülle.
Die Bevorzugung mittelalterlicher Heraldikmotive kombiniert mit einer stark regionalen Identität, fand in Lilien, Disteln, Lothringer Kreuzen und stilisierten Adlern ihren Niederschlag. Kartuschen beschwörten Erinnerungen an Jeanne

1

d'Arc und König René von Lothringen herauf.
Das ganze Werk war mit auf durchsichtigem Glas angebrachten Symbolen förmlich überladen. Grosse technische Anforderungen und eine vollendete Raffinesse kennzeichneten diese erste Zeitspanne. Schon bald war ein deutlicher Fortschritt zu erkennen.
1893 waren farbige Gläser im Sortiment noch eine Ausnahme, aber bereits 1895 existierte eine Palette von etwa zwanzig, mit Hilfe von Oxiden und Mineralsalzen geschaffenen Farben, die das Angebot möglicher Farbschattierungen erweiterten, während das Verfahren der Glasätzung nun Blumendekors und -themen ermöglichte.
Die sieben Blumen der Dekors von 1893 wurden bis 1894 zu einem Sortiment von 38 erweitert, und wiesen die für die Daum Manufaktur typischen Blumenmotive auf.
Opalglas wird nun mit rosa, sepiafarbenen und bläulichen Farbtönen überfangen.
Die ersten in der Martelétechnik gefertigten Gläser von 1893 erlebten um 1898 ihren Höhepunkt. Einige figürliche, von präraffaelitischer Inspiration gekennzeichnete Vasen von Gruber, der seit 1894 bei Daum arbeitete, zeugen von meisterhafter Gravurarbeit.
Diese durch einen mächtigen technischen Aufschwung und eine intensive

künstlerische Forschungsarbeit gegliederten Jahre ebneten den Weg für das reife Werk.

In diesem exotischen Jahrhundert war für alle kreativ Schaffenden eine Auseinandersetzung mit der japanischen Kunst unvermeidlich.

Die Weltausstellungen in Paris von 1867 und in Wien von 1873 zeigten, indem sie ihre Portale auch Japan öffneten, die dekorativen Eigenschaften der Holzschnitte und die Ausdruckskraft der Schrift. Die Farbgraphiken der grossen Graveure Hokusai und Hiroshige waren die grosse Sehenswürdigkeit der Jahrhundertwende.

Die Galerie Bing veröffentlichte ab 1888 "Le Japon artistique", eine Zeitschrift, die bis 1891 erschien.

Wurde Antonin durch diese graphische Kunst der nur angedeuteten Motive verlockt?

Die Weltausstellung von 1893 in Chicago bestätigte den japanischen Einfluss auf die Arbeiten der Firma Daum. Bei der Verarbeitung des Glases machte sich nun eine subtilere Beziehung zum Werkstoff bemerkbar, die mit Transparenz, Opazität und der Hervorhebung von Konturen experimentierte.

Der Geist der Synthese bereinigte Formen und Reliefs, gliederte sowohl Design wie Dekor. Feinste, Holzschnitten vergleichbare Malereien glichen nun verträumt-friedlichen, mit einem Rauhreif aus Silber und Perlmutt überzuckerten Landschaften. Schwäne, eine Sonne und Schwalben wurden inmitten wolkenumhüllter und opaleszierender Szenerien dargestellt.

Morgendämmerungen, Regenszenen und stilisierte Wasserwelten erlaubten die Darstellung der Bewegung und der Perspektive.

Aber dies war nur ein Vorgeschmack auf die grosse, sich bereits abzeichnende Entfaltung der Gebrüder Daum.

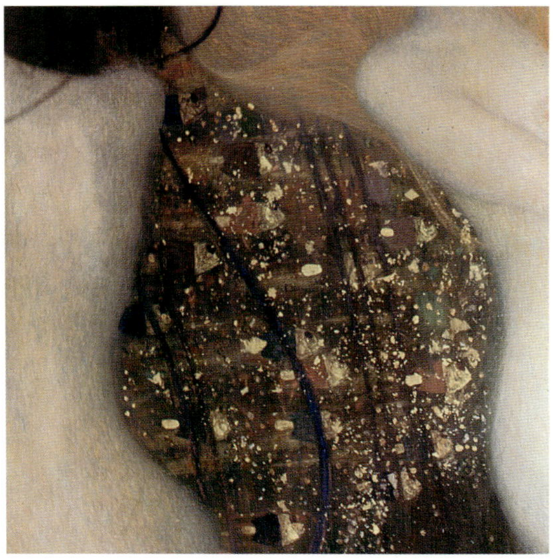

2

Ende des 19. Jahrhunderts war alles in Aufruhr geraten. Die Weltausstellung von 1889 in Paris gelang zur Apotheose der Industrie und machte ihren Mythos zum offiziellen Credo. Im gleichen Jahr wurde der Eiffelturm, dieser "Turm zu Babel", auch zum ersten Monument der Moderne.

Paris wirkte in jenen letzten Jahren der Belle Epoque festlich, ja geradezu euphorisch. Die visuelle Sprache trat aus den rein akademischen Gefilden hervor, erforschte die Innenwelt und entdeckte die Natur wieder.

"Impression et soleil levant" von Monet aus dem Jahre 1872 nahm die erste Ausstellung der Impressionisten von 1874 vorweg.
1889 sah die Geburt des Symbolimus' und des Nabismus'. Und 1900 eröffnete Freuds "Trauminterpretation" den Weg zur Psychoanalyse. In den ersten zehn Jahren dieses Jahrhunderts eroberte der Jugendstil die ganze Welt. Daum, Majorelle, Prouvé, Gallé an der Ecole de Nancy, Horta und Van de Velde in Belgien, Gaudi in Spanien, Klimt und Hoffman in Österreich, Morris in England und Mackintosh in Schottland waren die Zentren dieses fliessenden, flexiblen Stils.
Durch den Jugendstil fand Daum seine Reife und wahre Sensibilität.
Weit mehr als ein Widerhall eines einzelnen Künstlers, war die Firma Daum Teil einer Epoche und eines Stils, einer Kunst, die von Blumen-, Frucht- und Tiermotiven lebte.
Die Ausstellung von 1893 in Chicago besiegelte den Jugendstil von Daum, der sich an der Weltausstellung von 1897 endgültig durchsetzte.
Der Daum und Gallé zugleich zuerkannte Grosse Preis der Weltausstellung von Paris von 1900 war die Krönung dieser zugleich poetisch-verklärten wie feinfühligen Ausdrucksweise, deren Auswirkungen sich bis 1920 bemerkbar machten. Er brachte aber nicht zuletzt auch die Bestätigung von Daums Originalität.
Gallé hatte neue Wege erschlossen und das Glas veredelt.
Die Glasmanufaktur Daum fand ihren Weg durch Antonin Daum und seine entschlossen betriebene Forschung.
Ab 1900 erlaubten neue Techniken der Färbung der Glasmasse selbst unendlich viele Farbabstufungen.
Die Oberflächenbearbeitung verfeinerte sich durch Martelé- und Glasflusstechniken.
Der Spielraum, den das Material Glas bot, ermöglichte immer freiere und flexiblere Ansätze.
Ab 1906 war es aber vor allem die Glaspaste, die durch ihre bildhauerische Plastizität in den Werkstätten der Firma Daum zum Lieblingsmaterial des Jugendstils wurde: durchschimmernd und samtig, verlieh sie den Werkstücken Gestalt und verschmolz ihre Farbschattierungen.
Zu ihren Eigenschaften gehörten u.a. polychrome, transparente, asymmetrische und verschlungene Formen.
Die Firma Daum hatte Glück, denn sie wusste Charme und Harmonie in perfekten Einklang zur Natur zu bringen.
Das kleine Herbarium der ersten Jahre der Glashütte wurde zu einem Gewächshaus voller seltener und exquisiter Raritäten, die von Henri Bergé, einem leidenschaftlichen Botaniker und Meisterdekorateur, bereits vor 1900 aquarelliert wurden.
Jede Sorte verfügte über ihre eigene chromatische Identität, und so konnte die Natur zu voller Pracht erblühen.
Girlanden von Blätterranken erzählten vom ewigen Frühling, verlängerten die Träumereien von Carpeaux, während rotes Geäst den Wechsel der Jahreszeiten verkündete.

Glyzinien, Geissblatt und Windenblüten rankten sich in luftigen Wellenbewegungen und raffinierten Farbschattierungen.

Die Blütenblätter glichen den vielfarbigen Glanzlichtern von Schmetterlingsflügeln, und die Schmetterlinge wirkten luftig schön wie offene Blüten.

Die Fauna - Libellen und Skarabäen, Muscheln und Hermeline - wurde mikroskopisch klein und realistisch dargestellt. Der samtene Glanz, die sanften Farben und die Schlifftechnik von Amalric Walter, der um 1904 in der Glasfabrik in Nancy zu arbeiten begann, ermöglichten eine Ausarbeitung dieser winzigen Tierwelt in ihrer ganzen Frische.

3

Das Team Daum-Bergé-Walter war ein Beispiel künstlerisch geglückter Zusammenarbeit, die den bei den Produktionen jener Epoche für cen Jugendstil so typischen Tier- und Pflanzenmotiven zugrundelag.

Bei diesen Werken wurde der Betrachter in einen blühenden, wohlriechenden und romantischen Garten Eden entführt.

Etwa um 1900 stilisierte Daum Blumenkronen zu reinen Dekorationsobjekten, die aus warmgezogenen Glasstielen oder geschmiedeten, von Louis Majorelle gestalteten Eisenmontierungen herausragten.

Heckenrosen, Disteln und Tulpen waren nun nicht mehr bloss Vasendekors, sondern wurden zu waghalsig modernen Skulpturen aus leuchtenden Farben und neuartigen Konturen.

In diesen Blumenkronen entstand eine Synthese aller bis dahin gemeisterten Techniken: der Ziselierung der Pflanzenstiele und der Blütenblätter, des Ätzdekors der Gläserstiele, feinster Überschmelzungen, vielfarbiger Glasschichten und erster Pulvereinschmelzungen.

Die Begegnung zwischen Daum und dem Jugenstil war so etwas wie eine Liebesgeschichte ...

Nach 1903 zeichnete sich eine Hinwendung zum Nichtfigürlichen ab, die einzig mit Farbschattierungen spielte. Die um 1900 in den Werkstätten der Firma Daum vor allem aufgrund der Pulvereinschmelzverfahren entwickelte Farblehre erlaubte die Kombination bisher unbekannter Farbtöne und die Gestaltung farbiger Hintergründe, die das Siegel des Zauberhaften, der Phantasmagorie trugen.

Kombiniert mit den Ätzungen von Pulverschichten ermöglichte dieses Verfahren geradezu magische Polychromien.

Auch hier lässt sich eine erstaunliche Übereinstimmung mit den rätselhaften präraffaelitischen und symbolistischen Harmonien erkennen.

Die Farbensprache der Manufaktur Daum kombinierte Purpurviolett mit Granatrot, roten Tupfen und opalisierendem Blassgrün.

Feurig flammendes Gelborange, vibrierendes Pflaumenblau, Ton in Ton Schattierungen von Weiss zu Blau, die einigen Vasen fast den Anschein eines Werkes von Redon oder Moreau verliehen, gelegentlich ein Cabochon aus reiner, wie ein Juwel gefasster Farbe.

Ist es wirklich ein Zufall oder eine Begegnung in diesem magischen Brodem, diesen Nebelschleiern zwischen Traum und Wirklichkeit, diesen unwirklichen und rätselhaften Blumen, die uns immer wieder zu Redon führen?

Die "Seele des Glases" entstand aus den Maserungen, den bernstein- oder wermutfarbenen Edelsteinen, der Aufforderung zu träumen und zu phantasieren.

Vermischt sich hier nicht für einen kurzen Augenblick der symbolische Traum eines Klimt mit dem Glas eines Daum?

Die Reflexe und Nimbusse aus Goldpulver, die Glanzlichter metallener Einschlüsse, das unwirkliche Strahlen der Materialien und die dekorativ-gleichmässigen Farbtöne der damaligen Gläser verweisen auf die Strukturen des "Malerprinzen": die gleichen mit Gold- und Silberblättchen schillernden Flächen, die sich unter byzantinischem Einfluss durch eine raffinierte und ornamentale Intarsientechnik zu Goldmustern wandelten.

4

Dieselben mit vielfarbigen Pulvern verwirklichten Techniken dienten nun der Farbimpression und erlaubten Antonin Daum, die Reinheit und Natürlichkeit der Farbtöne der Fauna und Flora, das Spiel der Glanzlichter und der wechselnden Reflexe des Tageslichtes wiederzuentdecken. Landschaftsszenen, Wasser und Luft, Licht und Sonne wurden zur nicht fassbaren Materie der Künstler seiner Werkstatt, die es den Malern gleichmachten.

Impressionen und Glanzlichter: das Gefühl - ebenso flüchtig wie eine Momentaufnahme - triumphierte ...

Auf dieser Reise der Entsprechungen musste man ja angesichts der farben-

und lebensfrohen Farbenpalette der Impressionisten in Versuchung geraten.
Aber lassen Sie uns weitergehen.
Seit 1899 erlaubte die Verfeinerung des Glaseinlage-Verfahrens ganze Szenerien, Tiefenwirkungen und neue Perspektiven einzuführen. Die Landschaft wurde zum unverfälschten Eindruck, zur reinen Impression.
Kombinationen von rostfarbenen, fuchsroten und braunen Farbtönen ergaben Herbstlandschaften aus Buchen, Birken und Laubwerk in rein impressionistischer Ausführung.
Schneebedeckte Wälder, verregnete, windgepeitschte Augenblicke, gebeugte Bäume und fallende Blätter lassen den Eindruck von Natur und jahreszeitlich bedingter Farbveränderungen entstehen.
Blühende Apfelbäume, Obstgärten im Frühling, Bäume im weissen Blütenregen bilden Kontraste, die das Auge zu einem Bild zusammenfügt. Scharfe Konturen verschwinden, und das Unscharfe triumphiert unter dem magischen Prisma des Lichts.
Fliessende, diffuse Schattenrisse bilden eine Palette ungewisser Eindrücke.
Bis man - oder ist auch das bloss ein Traum - die Farbauflösung der "Nympheas" wiederzufinden glaubt, die das phantastische Auge Monets an die Grenze der Abstraktion trieb.
Daum wollte vor allem verblüffen.

5

In den 1910er Jahren zeigten Wandplatten, Scheiben und Fenster die erstaunliche ästhetische Synthese der Manufaktur Daum.
Diese in Zusammenarbeit mit Walter und Gruber entwickelten, grossen Glaswaren aus gleichmässig gefärbter Glaspaste, wiesen die Transparenz von Glasscheiben auf und erlaubten die Gestaltung grossartiger Innendekorationen von leuchtender Schönheit.
Die Kunst der Darstellung von Landschaften, Seen und Flüssen, Fluren und Wäldern wurde hier ins Extreme übersteigert, und zeugte von einer perfekten Integration japanischen Dekors und impressionistischer Kunst.
Nebelverhüllte, weich wiedergegebene Himmel, grosse Farbmassen, Leuchtkraft und der Eindruck des Unendlichen fügen sich zu irisierenden und transparenten Stimmungsbildern, die an die heiligen Wälder von Puvis de Chavannes erinnern, aber auch an die reinen

Farbtöne Gauguins und der Nabisten und ihrer dekorativen Magie.
Daum führte die Vision der Maler auf Formaten, die grossen Leinwänden glichen, zum Höhepunkt.
Anfang des 20. Jh. kam es zu einer Reihe kleiner Erschütterungen. Die Geschwindigkeit der Entwicklung nahm zu, die Bezugspunkte begannen zu wanken und der Ideenaustausch intensivierte sich. 1927 überquerte Lindbergh den Atlantik. Das Radio (T.S.F.) brachte die Menschen in seinem Empfangsbereich einander näher. Das Vokabular der bildenden Künste explodierte förmlich; und mit dem Jazz, den Perkussionsinstrumenten, den Negermasken und den Bronzen aus Benin hielt eine neue Interpretation der Welt Einzug.
1905: Skandal des Fauvismus und seines "Farbaufruhrs".
1907: Betroffenheit über die "Demoiselles d'Avignon" und Beginn des Kubismus.
1910: gewagt-abstrakte Werke von Kandinsky.
Die 20er Jahre schwankten noch zwischen der Nostalgie des goldenen Zeitalters und den strengeren neuen Zeiten.
Die Meisterung neuer technischer Verfahren hatte den Jugenstil zur Apotheose geführt. Zwischen 1910 und 1920 veränderten die Techniken der Warmapplikation und der Glaseinfärbung die Oberflächen der Schalen und Vasen in Frucht- und Blumengärten, in prunkvolle, mit goldenen, saftigen Trauben verzierte, mit Reben und Weinranken durchwirkte Füllhörner.
Rosafarbene, mit Goldpailletten besetzte Glastropfen wurden zu durchschimmernden und sonnendurchtränkten Körnern gestaltet. Zu diesem Herbst der Weinreben vermischten sich Granat-, Rosa- und Purpurtöne mit Gold und leuchtenden Gelbtönen.
Doch der Niedergang des Jugendstils war nicht aufzuhalten, und die künstlerische Leitung der Firma Daum hoffte auf einen neuen Frühling.
Paul Daum, der 1911 an die Seite Antonins trat, führte den neuen Stil ein und verfolgte das Spiel der Metamorphosen in einer Vorwegnahme der Zukunft.
So bereitete er bereits vor Ausbruch des Krieges den Übergang der 20er Jahre durch einen zusehenden Übergang vom Figürlichen zum Abstrakten mit auf Transparenz basierenden Harmonien vor. Von nun an bildeten Schnüre und Fäden Rippen und Fassungen, während Glascabochons immer seltener wurden.
Fruchttrauben wichen wenigen farbigen Edelsteinen.
Die Pflanzenmotive traten nun klarer hervor: eine Tendenz, die sich auch in den grossen, stilisierten Blumenmotiven der Kleider von Poiret und in einer Hinwendung zum Ornamentalen wiederfand.
Die Designs wurden vertikal und streng, die Vasen langgezogener und stromlinienförmiger.
Zierstreifen kündeten die 25er Jahre an.
Geometrie und Transparenz verbanden sich mit der verhaltenen Leuchtkraft von Blau und Gold oder opalisierendem Grau.
Raster, Bleinetze und Gitter überlagerten sich, liessen ungewöhnliche Tiefenwirkungen entstehen.

Marmorierungen und Maserungen verblüfften den Betrachter.

Die Verbindung von Glas und Eisen durch strenge Monturen formte geometrische Zipfel und ziselierte die fliessenden Kristallformen - eine geglückte Verbindung mit Majorelle.

Paul Daum begann das neue Jahrhundert mit Emile Wirtz, dem neuen Meisterdekorateur. Die Nachfolge war wieder einmal gesichert. Sie war recht gewagt und brach völlig mit der Kunst von 1900.

Der Art Déco Stil eroberte die Kunstszene.

Die neue Ästhetik von 1925 war die einer von Strenge und Abstraktion gekennzeichneten Epoche. Nach den verrückten 20er Jahren und ihrem fröhlichen Durcheinander verschiedenster Genres, erfolgte nun die Rückkehr zur Ordnung und der Aufschwung eines internationalen Stils.

Erneut stellte sich Daum der Herausforderung und wurde zum Sensor der Veränderungen seiner Zeit. Die Weltausstellung des Art Déco von 1925 brachte die Krönung des neuen Daumschen Stils.

Die Frage ist, wer letztlich durch Stil oder Techniken das Charakteristische dieser Epoche aufnimmt?

6

Es gibt nur einen Beweis: Unter dem Einfluss Paul Daums entstand eine neue Raumaufteilung, die von der transparenten Überlagerung der Volumen lebte.

Der Radschnitt und die immer besseren Gravurtechniken betonten die Reliefs und den sauberen Schnitt der Flächen und erwiesen sich als überaus gut für diese Ästhetik geformter Volumen geeignet.

Durch Ziselier- und Ätzverfahren entstanden nüchterne Geometrien aus Facetten und glatten, schrägen oder flachen Flächen.

Die Rückkehr der geraden Linie kündete sich durch Kanten, Rippen, Brüche und scharfkantige Winkel an.

Ein Spiel gebrochener oder ausstrahlender Linien, vertikaler Kannelüren und griechischer Friese bezeugte die Ausgereiftheit des geometrischen Abstrakts.

Voluten, Ringe, Bündel gebogener Linien klammerten jeden Bezug zu Blumenmotiven aus und wurden zum reinem Rhythmus.

Vierecke und Rauten, Schachbrett- und Fischgrätenmuster, Kreise und Rillen gliederten die Komposition ohne Abweichung ins Figürliche.

Das Material wurde wieder farblos, manchmal von Rauhreif, körnigen Strukturen,

Kügelchen durchbrochen, die Unschärfen produzierten.
Die Farben wurden künstlicher. Die Sparsamkeit der Palette entsprach jener der Kubisten. Bläuliche, bernstein-, rauch- oder topasfarbene Farbtöne begannen vorzuherrschen. Die einfarbigen Stücke waren vorzugsweise in Dunkelbraun oder Mondweiss, in Bonbonfarben, Gletscherblau und klaren Gelbtönen gehalten. Manchmal wurden auch ein paar Goldplättchen hinzugefügt.
Die Suche nach der perfekten Gestalt bevorzugte Kegel und Zylinder, Rechtecke und Kugeln - die elementaren und reinen Formen, die das Bauhaus wiederentdeckt hatte.
Ob es nun Einbildung ist oder ganz logisch? Die Parallele zu zwei der grossen Kunstquellen des zwanzigsten Jahrhunderts scheint plötzlich ganz offensichtlich.
Die primitive afrikanische Volkskunst hatte seit Anfang des Jahrhunderts eine durch flache Flächen, Linien und Volumen erwirkte Stilisierung eingeführt.
Die Stirnflächen, die perspektivische Verjüngung und das Aushöhlen der Körper schufen eine ausgeprägt evokative Bildsprache. Die resultierende Vereinfachung der Elemente setzte elementare Energien frei.
Von der wilden Macht dieser afrikanischen Kunst scheint Daum die graphische Bedeutung der Figuren übernommen zu haben. Hirsche, Hirschkühe und Savannentiere springen empor; aufblitzende Linien, stilisierte Kräfte und hüpfende Schattenrisse wurden in dynamisch-dekorative Motive verwandelt.
Die zweite grosse Versuchung bestand darin, sich in den Kubismus der Farbe und der Bewegung eines Robert Delaunay zu flüchten.
Überall dort nämlich, wo er die Farbe in einfache, kontrastierende, von transparenten Wirbeln belebte Formen auflöste - etwa in den Serien "Fenêtres", "Tour Eiffel" und "Rythmes" -, während Sonia Delaunay die kubistische Syntax in ihren "gleichzeitigen" Strukturen in Frage stellte und "farbige Bezüge zu reinen

7

und rhythmisch gegliederten Geometrien" entwickelte.
Innerhalb zweier Generationen hatten Antonin und Paul Daum aus der Glashütte in Nancy ein Labor der technischen wie wissenschaftlichen Unwälzungen ihrer Zeit gemacht.
Fortschreiten, sich in Frage stellen, Prototypen ausarbeiten, Techniken erfinden, Materialien untersuchen - all dies war mittlerweile für die

Gebrüder Daum zur Lebensweise geworden.
Aufmerksam jede neue Entwicklung verfolgend, bahnten sie sch ihren Weg: jenen einer Synthese zwischen den bildenden und den angewandten Künsten.
Die 50er Jahre waren von der wiederentdeckten Lust an der Form gekennzeichnet.
Nach den geraden Linien und gebrochenen Winkeln, fand das Formenrepertoire zur Kurve und Freiheit zurück.
Befreiung vom Krieg, Befreiung der Frau, der Formen.
Die Nouvelle Vague, der Neue Roman und Bardot waren die Idole jener Epoche.
Das amerikanische Vorbild faszinierte durch seine stromlinienförmigen Designs und seine formvollendeten Konturen ebenso wie die neue Gestik eines Pollock.
Die Firma Daum fühlte sich wohl in dieser Rückkehr zur freien Form, die sie neu interpretierte, indem sie den Farbton der Epoche mit einem Material einfing, das dieser entsprach.
Die Entwicklung der Kristallglasfabrikation hatte bereits 1934 mit Michel Daum,

8

der der Firma 1925 beitrat, begonnen.
1951 war Michel Daum bereit, und eröffnete an der "Exposition International d'art du verre", im Pavillon von Marsan die Ära des Kristallglases.
Die Kontinuität der Perfektion und die Wiederbelebung des Stils waren durch die Klarheit des Kristallglases und ausschliesslich warmgeformter Volumen gesichert.
Die neue Ästhetik seiner Werkstätten führte zu langgezogeneren Volumen, stellte sie in den Raum und trotzte den Gesetzen der Schwerkraft in neugefundener Freiheit.
Formen und Kräfte trafen in den abstrakt-fliessenden Figuren - in Flammen, Pyramiden und Luftschnitten - aufeinander.
Klare Massen, reine Lichtflüsse, unergründliche Tiefen nutzten dieses diamantähnliche "Kristallwasser".
Irisierendes, Glänzendes und transparente Kristallisierungen untermalten die Schönheit und Plastizität des gelegentlich durch ein auffallendes Türkisblau oder Wassergrün charakterisierten Materials.
Zur gleichen Zeit experimentierten Moore und Arp mit Einrolltechniken und der

Formvollkommenheit von Körpern ohne Anfang oder Ende, konkav oder konvex, zurückgebogen, um sich desto besser aufs Unendliche zu öffnen. Ihre organischen Wellenformen bereicherten die Bildhauersprache um eine neue Sensibilität.

Überall setzte sich nun Gerundetes durch.

Ob Zufall oder Resonanz - die Gebrüder Daum waren von dieser Formvollendung durchdrungen.

Als Jacques Daum 1968 seine Tore zeitgenössischen, internationalen Künstlern öffnete, war dies ein weiterer Schritt nach vorne.

Mit der Aufnahme figürlicher oder abstrakter Bildhauer in die Fabrik betrat er technisches Neuland: Die dadurch erneut zu Ehren gekommene Glaspaste

9

fand zur Vollendung ihrer Ausdruckskraft.

Die Künstler erweiterten ihr plastisches Vokabular um ein für sie neues Material, das das Spiel des Lichtes in Tiefen und Transparenzen einfing und dessen Formbarkeit die Schaffung von Formen und Modellen stimulierte.

Dem Kristallguss folgten nun geometrischere Volumen.

Diese neue Kunstrichtung war, begünstigt von den technischen Leistungen der Werkstätten, von einer Rückkehr zur Farbe gekennzeichnet.

Die bildhauerische Dimension war erobert und die Zahl möglicher Kreationen vergösserte sich zusehends.

Die Stücke wurden nun numeriert und in kleiner Auflage herausgegeben, was die künstlerische Orientierung von Daum und seinen Beitrag zur Verbreitung der Tendenzen zeitgenössischer Kunst einmal mehr bestätigen half.

Die Grenzen zwischen bildender und angewandter Kunst verwischten sich zusehends.

Zu den Offenbarungen jener Zeit gehörte auch die monochromatischen Werke von Dali: ein azurblauer Pegasus, Baudelairsche Fleurs du mal - die Blumen des Bösen - und als Gegensatz, zwischen Schatten und Licht, l'Anti-fleur - die Antiblume.

Der schneeweisse Vogel von Lalanne, die bezaubernden Gesichter von Adzac: Nilspiegelungen und Buddhakopf.

Der Gestaltungswille von César fand, im Kristallglas, ein Material von geradezu idealer Plastizität.

Pierre de Cherisey verfolgte 1976 diese neue Aufgabe von Daum im gleichen Geist der Innovation wie seine Vorgänger, und kombinierte Kristallglas und Glaspaste, Klarheit und Transparenz.
Durch eine Verfeinerung der Oberflächeneffekte und Materialien erlaubt er neuen Künstlern zu ihrer persönlichen Ausdrucksweise zu finden
Das Mosaik der Tendenzen der Jahre 1980/1990 mischte Materialien, Stile und Regeln.
Es kam zu einer gegenseitigen Durchdringung von Kunst und Design. Die Künstler entwarfen neue Objekte und die Designer wurden zu Kunstschaffenden. Ein neues, der Theatralik der Epoche entsprechendes System von Lustobjekten entstand. Die barocke Ader wurde zu neuem Leben erweckt.
In diesen sich ständig verändernden Objektbereichen der Bildhauerei, des poetischen Designs, bevorzugten die künstlerischen Entschlüsse der Firma Daum eine Osmose zwischen Kunst und Dekoration.
Ab 1986 und in der Tradition der Fauna und Flora des Jahrhundertbeginns von Walter und Bergé, erfand die Cristallerie Daum eine im neubarocken Geiste interpretierte, zeitgenössische Natur-Serie.
Vegetabile Reminiszenzen, lebendige Blumen und einfassende Blumenkronen wurden zu Miniaturuniversen farbiger Lyrik und überwucherten förmlich die Kerzenleuchter, Schalen und Glasfüsse mit transparenten, gedrehten Verzierungen ... zum Ergötzen der Eidechsen, Schnecken und Frösche.
Die Farben wurden sanft: Lavendelblau und Parmaviolett, Lindengrün oder Strohgelb und deren Abstufungen milderten den Eindruck der Farben.
Zur selben Zeit suchte die Cristallerie Daum Kunstschaffende, die den Ritus und den Traum des Alltagsobjekts zelebrierten.
Pflanzen- und barocke Motive triumphierten als Skulptur oder reine Fiktion.
Die Natur kehrte in voller Pracht zurück, floss und wand sich ungreifbar, durch das Talent der Künstler des einundzwanzigsten Jahrhunderts in kleinen, bezaubernden Kollektionen neu interpretiert. Die florale Tradition der Ecole de Nancy wurde mit einer aus Amerika stammenden Pflanze wiederbelebt.
Dieses Emblem der Wüste wurde durch eine erneuerte und verfeinerte Technik zu einem dichterischen Ereignis.
Hilton Mac Connico machte daraus eine Oase, ein kleines irreales Universum aus transparentem Kristall und Glaspaste von schmelzender Frische.
Kakteen blühten nun Antennen gleich auf Karaffenstöpseln. Sie wuchsen auf Glasböden. Sie verwandelten zerbrechliche und zeitlose Schalen in die Weiten von Nevada und Arizona.
Reine Liebe zur Erde - die wilde, stachelbewehrte Schönheit der vergessensten aller Pflanzen. Der Eindruck einer Traumwelt kam dazu.
Ohne Zweifel barock, wie es der Pflanzenschmuck der Erde seit jeher war. Die Firma Daum beschloss durch die Phantasmagorien ihrer Kollektion Trapani von Garouste und Bonetti winzige Geschichten "kleiner ästhetischer Emotionen" auf der Suche nach dem Korallenparadies, den Lagunen und den warmen, tiefblauen Meere zu erzählen.
Das Spiegelspiel verlangte nach einem Gegenüber, nach der mythischen Zeit

der Fischer, Inseln und primitiven Schätze.

Eine neobarocke Illusion, ein verfeinertes Trompe l'oeil. Das Vergnügen - Empfindung, Humor und dekoratives Spiel zugleich - war hinter dem Spiegel versteckt, als Inszenierung oder kurzer Blick.

Dies entspricht der Daumschen Unternehmensphilosophie von heute - gefasst in die Liebes- und Traumgeschichten mineralischer Dichtkunst.

Und immer wieder sind da leuchtende, naturverbundene Texturen. Fast ein Jahrhundert spannte sich von den Eisenskulpturen eines Majorelle bis zu den Metall- und Glasvoluten eines Dubreuil, der mit Drehungen, Krümmungen und Gegenkrümmungen, Ovalen und Aufsichten spielte.

Er erweiterte oder verengte den Raum, und fing so die Zerbrechlichkeit des

10

Glases in der Gliederung des Metalls ein.

Zwischen Spannung und Schwindelgefühl fand er barocken Prunk und Überhöhung und schuf Verführerisches.

Unter den mythischen Gestalten der 80er und 90er Jahre zeigte Philippe Stark die Gabe des "Absonderlichen". In seinem von Bildern bevölkerten Universum schuf er Bühnenbilder in reduziertem Masstab, erhob die Verführung zum Gesetz, die Anforderung zur Beschränkung.

Die Zeichen seines Imaginären verbanden sich mit den Techniken von heute. Vom jahrhundertealten Mundgeblasenen ausgehend, erfand er ein unbeschreibliches Alphabet, das mit modernistischer Strenge in der Luft zu schweben schien.

Und so befreite dieser Erforscher anderer Dimensionen Raum und Zeit zugleich.

Fast könnte man glauben, es handle sich um Tanguy und seine geheimnisumwobenen Landschaften. Die Realität sieht allerdings ganz anders aus - sein Vater entwarf Flugzeugrümpfe.

Auf dieser Reise durch die Metamorphosen und Einflüsse des Daumschen Stils und seiner Zeit ist die Wahrheit ebensogut hier wie anderswo zu finden.

Die Firma Daum war schliesslich abwechselnd einmal Vorläufer, oder auch ganz zufällig oder völlig abseits einzelner Strömungen des Jahrhunderts, aber niemals indifferent.

Und wenn jeder in ihren Werkstücken auch bloss eigene Phantastereien und

Träume wiederfände, wäre die Reise deshalb nicht weniger schön.

Aus diesem Abenteuer eines kreativen Jahrhunderts hat sich der Daumsche Geist in einer unaufhörlichen Metamorphose von Stilen, Techniken und Talenten entfaltet.

Drei Generationen haben inmitten von Kriegsunruhen und Weltkrisen die Kunst und Wissenschaft der Glasmanufaktur dem Imaginären der Epoche angepasst und wachsam die Zukunftstendenzen im Auge behalten.

Sie haben die Bereiche der Malerei mit Hilfe der Farbenalchemie, jene der Bildhauerei durch die Plastizität der Glaspaste und jene des Lichts durch die Reinheit des Kristalls erforscht.

Sie haben sie zu farbenfreudigen und unwirklichen Texturen, zu Skulpturen aus Farbe und Licht kombiniert.

Sie haben den Künstlern ihrer Zeit freie Hand gelassen, damit diese mit frischem Blick ihr Talent einzubringen vermochten.

Die künstlerischen Leiter der Firma Daum haben immer auf Forschung und Experimente - die Schlüssel einer rigorosen und perfekten Meisterung von Materialien, Formen und Farben - Wert gelegt.

Und sie haben auch den anderen Schlüsselfaktor nicht vergessen: die Emotion, die Empfindung angesichts dieser Licht- und Schmeichelobjekte, dieser poetischen, ungewöhnlichen und mysteriösen Phantasmagorien, die aus dem unerschöpflichen Buch der Natur schöpfen.

Heute sind die "Arts du Feu" von Daum eine Synthese zwischen dem Wunsch nach Farbe und dem Wunsch nach Licht, zwischen Texturen und Volumen, zwischen Traum und Alltäglichem. Sie bereiten sich darauf vor, das 21. Jahrhundert mit der gleichen Leidenschaft und Kreativität wie bisher zu erobern.

Abbildungen - 1: Sir John Everett MILLAIS - Ophelia (1852), Tate Gallery. 2: Gustav KLIMT - Rote Fische (1901-1902), Privatsammlung. 3: Odilon REDON - Wiesenblumen in einer langhalsigen Vase, Musée d'Orsay. 4: Vincent VAN GOGH - Mandelbaumäste und -blüten (1890), Van Gogh Nationalmuseum, Amsterdam. 5: Claude MONET - Nympheas, grüne Reflexe, Musée de l'Orangerie. 6: Sonia DELAUNAY - Die Tänzerin (1916), Privatsammlung. 7: Henry MOORE - Stich (1971) Privatsammlung. 8: Jean ARP - "La planche à oeufs" (1922), Privatsammlung. 9: Salvador DALI - Die brennende Giraffe (1935), Kunstmuseum Basel. 10: Yves TANGUY - "Il vient" (1927), Privatsammlung.

Vase mit rundem, abgeflachtem Bauch, verziert mit Lothringer Kreuzen und stilisierten Lilien, die auf der einen Seite das in Grisaillemalerei ausgeführte Haus von Jeanne d'Arc in Domrémy, auf der anderen einen kleinen Adler umrahmen.
Graurosa Glas auf mattiertem Grund mit Motiven in Reserve oder in Gold- und Emailmalerei.
Um 1892 - Höhe 16.6 cm - Kunstmuseum Nancy.

Karaffe, verziert mit Lothringer Kreuzen, Spiralen und Blumen. Gerauhtes Glas auf mattiertem Grund mit Motiven in Reserve oder in Gold- und Emailmalerei.
Um 1890 - Höhe 26.5 cm - Kunstmuseum Nancy.

Seite 37. Ovoide Vase, verziert mit einem Schwert, stilisierten Lilien und Lothringer Kreuzen.
Graurosa Glas auf mattiertem Grund mit Motiven in Reserve, in Gold- oder Emailmalerei, auf Silbersockel.
Um 1892 - Sammlung CFC Daum.

Seite 38. Gruppe von Gläsern auf mattiertem Grund, mit Motiven in Reserve, in Gold- oder Emailmalerei, mit Silbermontierung, darunter zwei vom Pariser Goldschmied Tixier Deschamps stammende Kannen.
1890 bis 1900 - Privatsammlungen.

Flache Feldflasche, deren Dekor den Herzog von Lothringen, René II., darstellt.
Wolkiges, gerauhtes Glas mit mattierter und opaleszierender Oberfläche und emailliertem Dekor.
1895 - Höhe 25 cm - Privatsammlung.

Pokal für einen Schiesswettbewerb in mittelalterlichem Stil, verziert mit damaszierten Flächen, Disteln (der Blume von Lothringen), Lothringerkreuzen und einem Hahn als Symbol Frankreichs.
Überfangglas in Weiss, Gelb und Grün, mit Ätzgravur, mit Email, Gold und Platin gehöht.
1906 - Kunstmuseum Nancy.

Seite 41. Grosse Schale, verziert mit einem Wappenadler, am Hals ein Zierrand aus Störchen, stilisierten Lilien und Lothringer Kreuzen, am Fuss ein zweiter Zierrand aus Fledermäusen und Blumen.
Rauchfarbenes und tiefrotes Glas in Ätzgravur mit emailliertem und goldgehöhtem Dekor.
1892 - Höhe 30 cm - Privatsammlung.

A tout
Seigneur
tout honneur

"Au Gui l'an neuf" [etwa: Viel Glück im neuen Jahr]. Vase mit hohem Hals und Hohlfuss aus klarem und leuchtend grünem, mattiertem Überfangglas, mit Dekor in Reserve, Gold- und Emailmalerei.
1894 - Höhe 28 cm - Kunstmuseum Nancy.

Stangenvase mit Dekor aus blühendem Löwenzahn.
Überfangglas in gewölktem Rosa, Grün und Weiss, mit goldbemalter Reserve.
Um 1895 - Höhe 25 cm - Kunstmuseum Nancy.

Seite 45. Solifloravase [Vase für eine einzelne Blume; Anm. des Übers.] mit Dekor aus Blumen, Blättern und Schoten der wohlriechenden Wicke.
Überfangglas, rosa gewölkt, Oberfläche mattiert und opaleszierend, mit Dekor in blassgrüner, mit Gold betonter Reserve.
Vor 1900 - Höhe 33 cm - Kunstmuseum Nancy.

Seite 42-43. Gruppe aus Karaffen, Kannen und Trinkgläsern aus dem 19. Jh. und von Anfang des 20. Jh.
Goldverziertes Klarglas.
Sammlung CFC Daum.

m'attache

Vase, verziert mit Birken, Schilfrohr und Weiden, die einen Teich mit Schwänen umrahmen.
Blau gewölktes Glas auf mattiertem Grund, mit emailbemalten und in Grisaillemalerei gehöhten Motiven in Reserve.
Um 1892 - Höhe 16.7 cm - Kunstmuseum Nancy.

Ovoide Vase, verziert mit Seerosen, Libellen und Versen von Victor Hugo: "Und den Wassern entstiegen Rosen und den Rosen Geister."
Blaues, opaleszierendes Glas auf mattiertem Grund, mit Motiven in Reserve, Ätzgravur, Grisaillemalerei und Goldverzierung.
Um 1895 - Höhe 20.5 cm - Kunstmuseum Nancy.

Seite 49. Vase mit hohem Rand und drei Henkeln. Dekor mit Teich, Seerosen, Schilf und vorbeiziehenden Reihern.
Bläulich-transparentes Glas auf mattiertem Grund, mit Motiven in Reserve in Gold- und Emailmalerei.
Um 1895 - Höhe 27.7 cm - Kunstmuseum Nancy.

Seite 46-47. Gruppe von Stücken aus klarem und leuchtend grünem Glas mit Dekor in Reserve, mit Gold und Rotemail bemalt. Die Personen auf der mittleren Vase sind nach einem Entwurf von Jacques Callot, einem Lothringer Künstler, gestaltet.
Um 1895-1900 - Sammlung CFC Daum.

Vase in der Form einer abgeflachten Kugel mit offenem Hals und Liliendekor.
Überfangglas in malvenfarbenem Rosa, in dunkelvioletten Schattierungen geätzt und geschnitten.
Um 1895 - Höhe 31 cm - Kunstmuseum Nancy.

Zwei Seiten einer Balustervase mit Henkeln, mit Dekor aus Lilien, Margeriten, einer Sternschnuppe und Versen von Victor Hugo, geschaffen von Antonin Daum zu seiner Hochzeit. Überfangglas in Blau und Weiss mit violetten Henkeln, Dekor in Reserve auf mattiertem Grund, nachgeschnitten, in Martelétechnik, mit Email- und Goldmalerei. 1897 - Höhe 30 cm - Kunstmuseum Nancy.

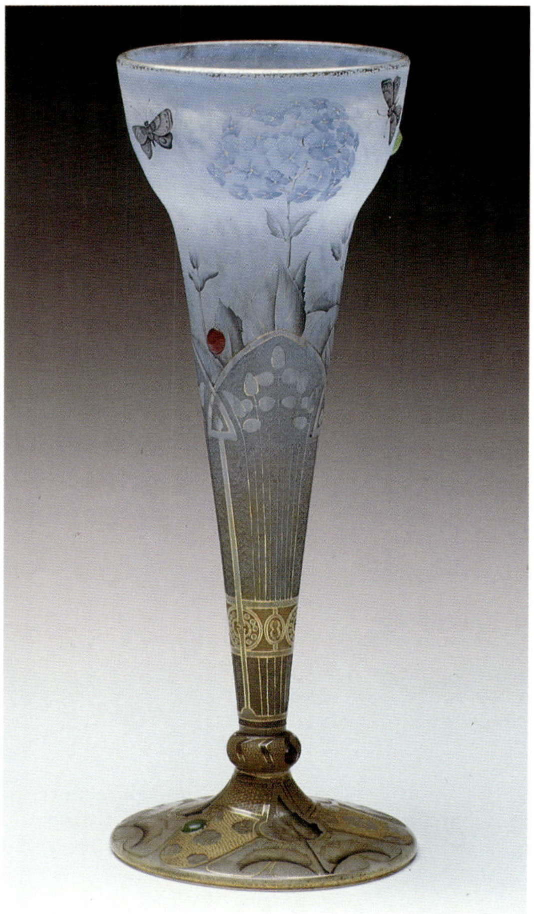

Cornetvase, mit Dekor aus blauen Hortensien, Schmetterlingen, Cabochons und geometrischen Motiven.
Transparentes, blaues und weiss gewölktes Glas auf mattiertem Grund, Dekor in Reserve und Ätzgravur mit Emailmalerei.
Um 1900 - Höhe 39.5 cm - Privatsammlung.

Cornetvase, verziert mit Hafer und Bienen.
Semitransparentes Glas mit weissen Pulvereinschmelzungen. Dekor in Reserve, mit goldgehöhter Emailmalerei.
Um 1905 - Höhe 40 cm - Privatsammlung.

Seite 53. Ovoide Vase, verziert mit Glockenblumen und Reseden.
Farbloses, weiss, rosa und blassgrün gewölktes Glas auf mattiertem Grund, Dekor in Reserve, emailbemalt und goldgehöht.
Um 1900 - Kitazawa Museum, Suwa, Japan.

Zylindrische Vase, verziert mit blauen Hortensien, Cabochons und geometrischen Motiven.
Opaleszierendes, bläulich-weiss gewölktes Glas, Dekor in Reserve nachgeschnitten, geätzt und goldgehöht.
Um 1900 - Höhe 44.6 cm - Kunstmuseum Nancy.

Kugelförmige Vase mit zylindrischem Hals, genannt "Berluze", verziert mit Rosen, Libellen, geometrischen Motiven und Cabochons.
Opaleszierendes, weiss gewölktes und gelbes Glas auf mattiertem Grund, Motive in Reserve oder Ätzgravur, mit Email- und Goldmalerei.
Um 1900 - Höhe 62.5 cm - Kunstmuseum Nancy.

Seite 55. Kleiner Krug, verziert mit Weizenähren, Klatschmohn, Rittersporn und einer Zikade.
Semitransparentes, durch Pulvereinschmelzungen gestreiftes, gelbes, bernsteinfarbenes und grünes Glas. Dekor in emailbemalter und goldgehöhter Reserve. Die Zikade ist eine Applikation. Rand heissgeschnitten.
Um 1905 - Höhe 41 cm - Kunstmuseum Nancy.

Vase mit hohem Hals auf Fuss, verziert mit weissen Lilien, Narzissen und Schmetterlingen. Datiert 1913 unterhalb eines Sterns.
Überfangglas, gewölkt, mit Farbpulvern bestreut. Dekor in Reserve, mit dem Rad nachgeschnitten.
1913 - Höhe 56 cm - Kunstmuseum Nancy.

Diabolovase [Doppelkegel- oder Sanduhrform; nach einem Kinderspielzeug benannt; Anm. des Übers.] mit Blumendekor.
Überfangglas in Weiss, Violett, Rosa und Grün. Dekor in Reserve, Ätzgravur, mit dem Rad nachgeschnitten.
Um 1900 - Privatsammlung.

Vase mit Dekor aus Glockenblumen.
Überfangglas in gewölktem Weiss, Gelb, Blau und Grün. Dekor in Ätzreserve, mit dem Rad nachgeschnitten.
Um 1910 - Privatsammlung.

Seite 59. Stangenvase mit Dekor aus Schneeglöckchen.
Milchig-weisses, mit blauen Pulvereinschmelzungen gewölktes Glas.
Dekor aus ausgeätzten Blättern und mit dem Rad ziselierten Blumen.
1901-1903 - Höhe 44.5 cm - Privatsammlung.

Blumendekor in Reserve auf einer Schicht aus Schwarz und Rot mit Gold.
Um 1914 - Höhe 33 cm - Privatsammlung.

Seite 61. Solifloravase, verziert mit Fingerhut.
Mehrschichtiges mit gelb-orangen Oxiden verschmolzenes und dunkelrot überfangenes Glas mit Dekor in Ätzgravur.
1913 - Höhe 80 cm - Privatsammlung.

Seite 62-63. Gruppe von Vasen mit Blumendekor.
Semitransparentes Überfangglas, mit Streifen aus gelben und weissen sowie grünen und roten Pulvereinschmelzungen. Dekor in Reserve.
Um 1910 - Sammlung CFC Daum.

Coquelicot
– PAPAVER RHÆAS –
Fleur à 4 pétales.

Seite 64-67. Henri Bergé.
Klatschmohn, Schwertlilien, Riedgras. Aquarellierte Entwürfe um 1910.
Henri Bergé (1880-1937) folgte Gruber als Direktor der Kunstabteilung bei Daum. Er arbeitete bei den Glaspastenmodellen eng mit Amalric Walter zusammen.
Sammlung CFC Daum.

CAREX MAXIMA
Cyperacée
v: LAICHE
Coupe de la tige –
Coupe du feuillage.
Tranchante sur les bords.
1910.

Ovoide Vase mit Dekor aus Wegwarte.
Überfangglas in Weiss, Kobaltblau, Gelb und Grün.
Dekor ausgeätzt und nachziseliert.
Um 1905-1908 - Höhe 24.5 cm - Privatsammlung.

Seite 69. Klatschmohn in "Patina" und Tränen. Bechervase mit Dekor aus Klatschmohn.
Durchschimmerndes, mattiertes, ätzpatiniertes Glas mit handziseliertem Relief aus Blättern, Blumen und Samenkapseln. Zwei transparente Schmelzauflagen. Fussteil in Martelétechnik.
1902 - Höhe 19.5 cm - Privatsammlung.

Vase in Form einer Wasserkanne mit Dekor aus Blumen und Jugendstil-Arabesken.
Überfangglas in opaleszierendem Violett und Braun. Dekor aus in Martelétechnik gestaltetem Grund ausgeätzt.
Um 1900 - Höhe 43 cm - Privatsammlung.

Seite 71. Vase mit Henkel in Form einer Schlange, Dekor aus Krokussen und Farnkraut.
Überfangglas in opaleszierendem Violett, Dunkelgrün und Bernstein, mit Spuren von Gelb. Dekor in Ätzreserve und Schlange in Martelétechnik.
1902 - Höhe 44 cm - Kunstgewerbemuseum, Paris.

Vase mit Dekor aus Krokussen.
Überfangglas in Dunkelbraun, Rosa und Weiss. Dekor in Ätzreserve, mit dem Rad geschnitten.
Um 1898-1899 - Höhe 15 cm - Kunstgewerbemuseum Paris.

Seite 72. Vase mit Hals mit Dekor aus Maiglöckchen.
Überfangglas in Dunkelbraun und opaleszierendem Rosa, Dekor aus eingeätzter, mit dem Rad nachgeschnittener Reserve, Grund in Martelétechnik.
Um 1900 - Privatsammlung.

Balustervase mit Dekor aus Aronstäben.
Überfangglas in gewölktem, opaleszierendem Weiss und Grün in Martelétechnik, von welchem sich ein in Grün und Weiss gehaltenes, in Reservetechnik nachgeschnittenes Dekor abhebt.
Um 1898 - Privatsammlung.

Seite 75. Kleiner Krug mit Dekor aus Aronstäben und Libellen.
Überfangglas auf gewölktem, blau opaleszierendem Grund in Martelétechnik. Aussenwand in Grün und Weiss in Ätzgravur und mit dem Rad nachgeschnitten. Henkel aus grünem, heissgezogenem Glas.
Um 1898 - Privatsammlung.

Kelchvase, verziert mit blauen Hortensien.
Durchschimmerndes, blau und grün geflecktes Glas. Der mit vier blauen, aufgelegten Blattstielen bedeckte Hohlfuss verjüngt sich nach unten und mündet in einen mit geschnitzten Blumen und Käfern bedeckten, hölzernen Sockel. Stiele und Blumen sind mit Einschmelzungen gehöht und mit dem Rad ziseliert.
1904 - Höhe 49.5 cm - Privatsammlung.

Seite 77. Schale, verziert mit malvenfarbenen Primeln.
Doppelwandiges Glas in Rosa, Blau und Mauve, geätzt und geschnitten.
Um 1913 - Kunstmuseum Nancy.

Vase, verziert mit Narzissen und Maiglöckchen.
Überfangglas auf weiss und gelb gewölktem Grund, mit Oberfläche in Martelétechnik. Grüne Aussenwand mit Ätzgravur, mit dem Rad nachgeschnitten. Dunkelgrüner Fuss in Martelétechnik.
Um 1899 - Höhe 20.5 cm - Kunstmuseum Nancy.

Schlanke Vase, die sich zu einem mit Löwenzahn verzierten Rundsockel erweitert.
Weiss opaleszierendes Glas mit eingeschmolzenen, hellgrünen Fäden mit eingeätzten, gezackten Blättern. Die Blumen wurden mit dem Rad in die gelben Marmorierungen der zwischen den Schichten aufgebrachten Farbpulver eingeschliffen. Die Samenstände sind auf Cabochons ziseliert.
Um 1910 - Höhe 43 cm - Privatsammlung.

Stangenvase mit gewölbtem Bauch, verziert mit einem Spinnennetz in den Zweigen eines blühenden Weissdorns. Durch Pulvereinschmelzungen türkisblau, bernsteingelb, braun und grün gefärbtes Überfangglas. Dekor in Reserve. Um 1910 - Höhe 34 cm - Kunstmuseum Nancy.

Detail einer mit Vergissmeinnicht verzierten Vase. Überfangglas mit Dekor in Reserve. Um 1910 - Kunstmuseum Nancy.

Längliche Vase mit flacher Öffnung, verziert mit Edelweiss. Überfangglas, mit zwischen den Glasschichten aufgebrachten Metalloxiden in Braun und Grünschattierungen sowie Hellblau. Heissaufgelegte und -bearbeitete Blumen mit vergoldeten Höhungen als Zentrum.
1907 - Höhe 44.8 cm - Privatsammlung.

Cornetvase, verziert mit rosa Herbstzeitlosen.
Durch Pulvereinschmelzungen gefärbtes Überfangglas mit mattiertem, weiss gewölktem Grund im oberen Teil. Heiss zusammengesetzte, mit dem Rad nachgeschnittene Blumen. Sockel in Grün und Violett für das Laub, mit geometrischem Muster für die Kelchblätter. Brauner, mit rosa und grünen Adern durchzogener Fuss.
Um 1909 - Höhe 41.3 cm - Kunstmuseum Nancy.

Seite 83. Solifloravase in der Form eines Krokus. Mit rosafarbenen, grünen und gelben Pulvereinschmelzungen gefärbtes Überfangglas.
Um 1900 - Kitazawa Museum, Suwa, Japan.

Vase, "La Rose". Unikat, 1909 nach Entwürfen von Antonin Daum realisiert. Schlanke Form mit gezackter Mündung - ein geschicktes Spiel mit den Schichten des Überfangglases.
Weiss opaleszierendes Glas mit Einschmelzungen in den Zwischenschichten, die den Sockel verdunkeln und den oberen Teil marmorieren. Eingeätzte, hellgrüne, violettbraun gefleckte Blätter, deren Konturen ausser beim bauchigen, heissverarbeiteten, mit dem Rädchen nachgeschnittenen Sockel nicht mit der Farbe übereinstimmen. Blumen in Intaglioarbeit. Bei der als Relief gravierten Rose wurde jedes Blütenblatt einzeln aufgebracht.
1909 - Höhe 31.5 cm - Privatsammlung.

Schale mit Schwertliliendekor.
Überfangglas in Weiss, Gelborang und Grün gewölkt, auf mattiertem Grund, mit emailbemaltem Dekor in Reserve.
1905 - Höhe 9.8 cm - Kunstmuseum Nancy.

Seite 86. Vase mit abstraktem Mimosendekor.
Überfangglas in Rot, Grün und Grau, mit gelben Pulvereinschmelzungen und heiss applizierten Blütenkugeln.
Um 1908 - Kunstmuseum Nancy.

Niedere Vase, verziert mit einem Kranz aus Wasserlilien im Vordergrund und einer Landschaft im Hintergrund.
Transparentes und purpurviolettes Glas auf mattiertem Grund. Liliendekor in Reserve in Matt- und Glanzgold, Landschaft in Grisailletechnik.
Um 1892 - Höhe 10.6 cm - Kunstmuseum Nancy.

Seite 89. Kugelförmige, abgeflachte Vase mit Dekor aus Schwertlilien.
Überfangglas in Anisgrün, Rosa und Braun, Dekor in Reserve.
1908 - Privatsammlung.

Vase mit Fliederdekor.
Überfangglas in Rosa, Weiss und Gelb. Dekor in Reserve auf einer blassgrünen und weissen Schicht.
Um 1910 - Kunstmuseum Nancy.

Seite 91. Gruppe aus Vasen, Flakons und Lampe mit Rosendekor.
Überfangglas in Weiss, blassem oder irisierendem Gelb, Rosa, Grün und Braun. Dekor ausgeätzt und in leuchtend rosaroter Auflage ziseliert.
1909-1910 - Privatsammlung.

Daum
Nancy

Emile Wirtz.
Vasen mit Dekor aus Glyzinien. Aquarellierte Entwürfe um 1910. Emile Wirtz (1844-1953), Mitarbeiter von Antonin Daum, Nachfolger von Henri Bergé.
Sammlung CFC Daum.

Sich an beiden Enden weitende Stangenvase mit Dekor aus Früchten der Kakipflaume.
Dreischichtiges Glas aus einer gelben, einer grünen und einer farblosen Schicht.
Um 1912-1914 - Privatsammlung.

Seite 95. Längliche, sich gegen den Halsausschnitt zu verengende Vase, verziert mit Kornellkirschen.
Dreischichtiges Glas aus einer gelben, einer grünen und einer orangfarbenen Schicht, verziert mit Ätzreserve.
1913 - Höhe 35 cm - Sammlung CFC Daum.

Grosse Koloquinte.
Opaleszierendes, in Bernsteingelb spielendes, mit mattiertem Blassgrün überfangenes und in der Form geblasenes Glas.
1907 - Höhe 24 cm - Privatsammlung.

Vase, dekoriert mit Wickenschoten.
Überfangglas in Rosa und Violett. Henkel aus gezogenem, wermutfarbenem Glas. Dekor in Relieftechnik oder geätzt und geschnitten.
1910 - Höhe 46.3 cm - Privatsammlung.

DAUM NANCY
DAUM NANCY

DAUM NANCY
DAUM NANCY

Seite 98-99. Lampe mit einem an einen Tintling (kleiner Waldpilz) erinnernden Lampenschirm und schlankem Fuss, verziert mit Ahornzweigen.
Durch orangfarbene, rosa, gelbe und grüne Pulvereinschmelzungen gefärbtes Überfangglas auf mattiertem Grund. Dekor in Reserve, mit dem Rad nachgeschnitten. Dekor des kleinen Rundsockels in Ätzgravur.
Um 1912-1913 - Höhe 46 cm - Kunstmuseum Nancy.

Gruppe von Vasen, darunter zwei mit Zweigen des Maulbeerbaums verzierte, eine Balustervase auf kleinem Rundsockel, verziert mit den Zweigen und Früchten des wilden Rosenstrauchs und eine Vase mit Narzissenblüten, deren heissgeschnittener Hals zu zwei symmetrischen Punkten auseinandergezogen wurde.
Durch Pulvereinschmelzungen gefärbtes Überfangglas, Dekor in nachziselierter Ätzreserve.
Um 1910 - Kunstmuseum Nancy.

Balustervase mit zwei Henkeln, verziert mit Zweigen der Zaunrübe.
Durch orang gewölkte und braun-grüne Pulvereinschmelzungen auf wolkigem Grund gefärbtes Überfangglas. Dekor in Reserve. Manche der Blätter und Beeren sind in Email gemalt, andere aufgelegt.
Um 1909 - Höhe 32 cm - Kunstmuseum Nancy.

Seite 100 und 101. Drei mit Pappelästen verzierte Vasen.
Überfangglas in Weiss, Gelb und Graugrün. Dekor in Ätzreserve.
Um 1910 - Sammlung CFC Daum.

Henkelkrug, verziert mit Zweigen und Früchten des wilden Rosenstrauchs.
Überfangglas in gewölktem Gelb, Milchweiss, Grün und Rot. Henkel aus rosarotem Glas. Dekor in Reserve.
Um 1910 - Höhe 50 cm - Sammlung CFC Daum.

Diabolovase mit Efeudekor.
Überfangglas in Dunkelbraun, Grün und Violettblau auf weiss-gelbem Grund. Dekor in Ätzreserve.
Um 1910 - Sammlung CFC Daum.

Spindelförmige Vase, verziert mit Zweigen des Maulbeerbaumes.
Überfangglas, gefärbt mit Pulvereinschmelzungen in Grün, Violett, Rostbraun und Schwarz.
1910 - Höhe 60 cm - Sammlung CFC Daum.

Vase, verziert mit Buchenlaub in Herbstfarben.
Farbloses, gelb gewölktes Überfangglas mit mattiertem Grund. Fuss durch Pulvereinschmelzungen gefärbt.
Um 1910 - 46.5 cm - Kunstmuseum Nancy.

Vase, dekoriert mit Blättern und Früchten des Kastanienbaums.
Überfangglas in Gelb, Grau, Grün und Orange. Dekor in Ätzreserve.
Um 1910 - Höhe 39.5 cm - Privatsammlung.

Seite 105. Henkelvase mit Pilzdekor. Überfangglas in Bernsteingelb, Gelbrot und Rot.
Um 1908 - Kunstmuseum Nancy.

Cornetvase mit Hohlfuss, verziert mit Vogesenlandschaft.
Überfangglas in Gelb, Orang und Dunkelgrün. Dekor in Ätzreserve.
Um 1900 - Kunstmuseum Nancy.

Seite 106 - 107. Gruppe von Vasen mit Landschaftsdekor.
Von 1910 bis 1915.

Balustervase, verziert mit Ahornblättern.
Dekor in Reserve auf grau-braunem Grund, Laub in Gelb, Orange und Grün. Auflage von Pulvereinschmelzungen auf der Vasenoberfläche.
Um 1901 - Höhe 57 cm - Kunstmuseum Nancy.

Vase mit schlankem Bauch, verziert mit den Blättern und den Früchten der Rosskastanie.
Überfangglas mit braun, violett und gelb gewölktem Grund.
Dekor durch die Auflage von braunen und gelben Pulvern gefärbt.
Um 1908 - Höhe 41 cm - Kunstmuseum Nancy.

DAUM
NANCY

Emile Wirtz.
Entwurf von Pilzformen. Aquarellierte Zeichnung.
Um 1910. Sammlumg CFC Daum.

Emile Wirtz.
Entwurf von Pilzformen. Aquarellierte Zeichnung.
Um 1910. Sammlumg CFC Daum.

Tischlampe mit winterlichem Dekor aus verschneiten Ästen mit Raben.
Überfangenes Milchglas mit weissen Flocken. Dekor in Ätzreserve in der mattweissen, schwarz gehöhten Oberflächenschicht.
Um 1902 - Kitazawa Museum, Suwa, Japan.

Seite 111. Tischlampe mit Dekor aus See mit Schwänen und Birkenmotiv.
Transparentes, blau marmoriertes, ätzmattiertes Glas. Dekor in Reserve, in Grisaille- und Emailmalerei.
Um 1903 - Kitazawa Museum, Suwa, Japan.

Zylindrische, gegen oben ausladende Vase mit Dekor aus Bäumen im Regen.
Durchschimmerndes, rosa und grün gewölktes Glas mit Einschmelzungen zwischen den einzelnen Schichten. Ätzmattierte Oberfläche, mit glänzenden, schrägen Regenstrichen in Reserve. Bäume in Grisaillemalerei.
Um 1900 - Privatsammlung.

Seiten 112-113. Gruppe von Vasen und Bonbonnieren mit Dekor aus See- und Waldlandschaften.
Überfangglas mit gewölktem Grund und Dekor in Reserve mit Grund aus Pulvereinschmelzungen an der Oberfläche oder in Grisaillemalerei.
Von 1900 bis 1910 - Sammlung CFC Daum.

Dickbauchige Vase mit Dekor aus wind- und regengeschüttelten Bäumen.
Dekor in Emailmalerei auf der Innenwandung. Die Aussenwandung ist durch grüne und dunkelblaue Pulvereinschmelzungen gefärbt. Unbearbeitete Cabochons am Fussteil.
Um 1900 - Höhe 16 cm - Kunstmuseum Nancy.

Paar von Medici-Vasen mit Seemotiv und Pinien.
Überfangglas in Gelb, Orange und Dunkelbraun. Dekor in Ätzreserve.
Nach 1910 - Privatsammlung.

Seite 117. Gruppe von Vasen und Schalen mit Seemotiven.
Nach 1910 - Sammlung CFC Daum.

DAUM
NANCY
DAUM
NANCY
DAUM
NANCY

Ovale Schale in Form einer Welle, auf der Innenseite mit Algen verziert, zwischen denen Fische, Quallen und Seesterne schwimmen.
Überfangglas in Hell- bis Dunkelgrün mit mattiertem Grund, bei dem das Reservedekor auf der Innenwand der Schale eingeätzt wurde. Aussenwand glatt. Geätzter und nachgeschnittener Fuss in opakem Braun.
Um 1900 - Höhe 24 cm - Kunstmuseum Nancy.

Tischlampe mit Dekor aus Seegras und Krabben.
Überfangglas in Blau, Braun und Grün. Dekor auf der Innenseite eingraviert.
Um 1907-1908 - Höhe 45 cm - Privatsammlung.

Engelwurz und Insekten in "Patina". Vase mit langem, trichterförmigem Hals, verziert mit Dolden, Libellen und Schmetterlingen.
Durchschimmerndes, mattiertes, ätzpatiniertes Glas, mit Farbpulvereinlagen zwischen den Schichten. Dekor als Relief ziseliert.
1903 - Höhe 40 cm - Privatsammlung.

Seite 121. Balustervase, verziert mit Libellen und Hahnenfuss.
Überfangglas mit mattiertem, blau und tiefviolett gewölktem Grund. Hahnenfuss und Libellenflügel in Reserve und mit dem Rad nachgeschnitten. Insektenkörper in Heissauflage.
Um 1904 - Höhe 36.5 cm - Kunstmuseum Nancy.

Vase mit Libellendekor.
Überfangglas in gewölktem Blau und Grün. Gelbe Einschmelzungen. Libellen in Auflage.
Um 1900 - Höhe 20 cm - Kunstgewerbemuseum Paris.

Seite 123. Krug mit Dekor aus Libellen und Hahnenfuss. Grün, violett und weiss gewölktes Überfangglas. Dekor aus Blumen und Libellen in Reserve in einer hellgrünen und gelben Schicht. Der Henkel endet im Körper einer heiss applizierten Libelle.
1904 - Chrysler Museum, Norfolk, Virginia, Vereinigte Staaten.

DAUM
NANCY

Vase, verziert mit einem Nachtfalter und einer Raupe.
Überfangglas mit weiss und blau gewölktem Grund, Färbung durch Pulvereinschmelzungen. Heissauflage und Ätzgravur.
Um 1905 - Höhe 18.5 cm - Kunstmuseum Nancy.

Seite 124. Ovoide Vase mit Libellen- und Froschdekor in Sumpflandschaft.
Überfangglas in Blau und Grün mit gelber Einschmelzung und heissbearbeitetem Dekor.
1905 - Höhe 35 cm - Kitazawa Museum, Suwa, Japan.

Schale mit Dekor aus Schlehen.
Überfangglas in Dunkelgrün, Blauviolett, Rosa und Gelb.
Dekor in Ätzreserve, mit dem Rad nachgeschnitten.
Nach 1900 - Kitazawa Museum, Suwa, Japan.

Vase mit Dekor aus Schlehen und Spinnweben.
Überfangglas in Mattbraun, Rot und opaleszierendem Gelb.
Dekor in Ätzgravur, Grund in Martelé-Technik.
Um 1900 - Kitazawa Museum, Suwa, Japan.

Seite 127. Solifloravase mit Dekor aus Schlehen.
Überfangglas in Grün, Violett, Rot und Gelb. Dekor in Ätzgravur. Hals heissgeschnitten und in zwei symmetrische Zipfel gezogen.
Um 1910 - Privatsammlung.

Vase mit Schlehendekor.
Aquarell. Um 1910.
Sammlung CFC Daum.

Tischlampe mit blühendem Quittenbaum als Dekor.
Aquarell. Um 1910.
Sammlung CFC Daum.

Seerosen-Lampe. Fuss aus Bronze, ziseliert von L. Majorelle.
Blumen aus in Form geblasenem und mit dem Rad ziseliertem Glas.
1905 - Höhe 81 cm - Privatsammlung.

Seite 131. Löwenzahnblüten-Lampe. Fuss aus Eisen, geschmiedet von L. Majorelle.
Lampenkugel aus Überfangglas in Orange und Gelb.
1902 - Privatsammlung.

Tischlampe mit Pappelblätterdekor. Überfangglas in Gelb, Weiss und Dunkelgrün. Dekor in Ätzreserve.
Um 1910 - Privatsammlung.

Tischlampe mit Fingerhutdekor.
Überfangglas in Orangegelb und Dunkelrot.
Dekor in Ätzgravur.
Um 1913 - Privatsammlung.

Seite 133. Lotus-Lampe mit Wurzeln und Knospen.
Eisenfuss, geschmiedet von L. Majorelle.
Glühlampenverkleidung aus geblasenem und ziseliertem Opalglas.
Um 1902 - Höhe 72 cm - Privatsammlung.

Tischlampe mit Dekor aus in Seegras gerahmter Blumenknospe auf einem Sockel mit marinen Motiven. Glühbirnenverkleidung aus Überfangglas in Blassgrün, Rosa und Gelb. Ziseliertes Dekor. Sockel aus vergoldeter Bronze und Marmor.
Kitazawa Museum, Suwa, Japan.

Seite 135. Feigenkaktus-Lampe.
Grundform aus patinierter Bronze von L. Majorelle. Blumenknospen aus Überfangglas, wobei die zwei grössten als Lampenschirm dienen.
Um 1902 - Höhe 75 cm - Museum der Ecole de Nancy.

Vase mit Dekor aus Rosen und Schmetterlingen.
Weiss, grün, bläulich, rosa und braun gewölktes Überfangglas. Grund in Ätztechnik, Dekor in Reserve.
Um 1905 - Höhe 19 cm - Kunstmuseum Nancy.

Schneeglöckchen-Lampe.
Fuss aus Schmiedeeisen. Lampentrichter in Form eines Schneeglöckchens aus weiss und blassgrün überfangenem Glas.
1905 - Höhe 43 cm - Kunstmuseum Nancy.

Seite 137. Tischlampe mit Disteldekor.
Fuss aus Schmiedeeisen in Stielform mit Blättern aus der Werkstatt von Louis Majorelle. Lampenschirm in rosa und weissem Überfangglas. Dekor in mit dem Rad nachgeschnittener Ätzreserve.
Um 1900 - Kitazawa Museum, Suwa, Japan

Seite 138. Leuchter in Form einer Distel.
Schmiedeisenfuss von Louis Majorelle. Lampentrichter aus blau, weiss und grün überfangenem Glas, in venezianischem Rippenmuster modelliert. Dekor in Reserve.
Um 1900 - Höhe 45 cm - Kunstmuseum Nancy.

Tischlampe mit Dekor aus blühendem Eukalyptus.
Überfangglas in Braun, Gelb und Blau. Dekor in Ätzreserve.
Um 1910 - Kunstmuseum Nancy.

Lampe mit Dekor aus schwarzen Anemonen, Küchenschelle und Gräsern.
Überfangglas mit blaugrünem, mattiertem Grund und Schwarz. Dekor in mit dem Rad nachgeschnittener Reserve.
Um 1913 - Höhe 46 cm - Kunstmuseum Nancy.

"Tintling-Lampe" mit Dekor aus Glyzinien.
Überfangglas in Gelb, Kobaltblau und Smaragdgrün, mit dem Rad geschnitten und in Martelétechnik.
1912-1913 - Höhe 46 cm - Privatsammlung.

Lampe mit Schlehendekor.
Überfangglas in Gelb und Tiefviolett, kleiner Rundfuss in Martelétechnik und marmoriert. Dekor in Ätzgravur.
Um 1910 - Höhe 49 cm - Privatsammlung.

Lampe mit Doldendekor.
Überfangglas in gewölktem Gelb und Weiss mit blauen und grünen Pulvereinschmelzungen. Dekor in Reserve.
1903 - Höhe 62 cm - Privatsammlung.

1-2458
2-2465
3-2456
4-2462
5-2461
6-2463
7-2460
8-2453
9-2459
10-2457
1/4 DE LA VRAIE GRANDEUR
Planche I
VERRERIES ARTISTIQUES DE NANCY
DAUM Frères
1

52.2769
53.2758
54.2765
55.2797
56.2766
1/8 DE LA VRAIE GRANDEUR
Planche 8
VERRERIES ARTISTIQUES DE NANCY
DAUM Frères
8

Seiten eines Katalogs der Verreries Artistiques Daum aus Nancy.
Um 1910 - Sammlung CFC Daum.

Tintenfass mit Laubfrosch auf Seerose.
Grüne und gelbe Glaspaste.
1908 - Länge 29 cm - Privatsammlung.

Ablageschale mit drei Abteilen, mit Smaragdeidechsendekor. Bernstein- und malvenfarbene Glaspaste. Reptil in Reliefarbeit, mit smaragdgrüner Glasschmelze gehöht.
1912 - Länge 28 cm - Privatsammlung.

Seite 145. Ablageschale mit Eulendekor.
Blaugraue und grüne Glaspaste.
1904 - Höhe 15.5 cm - Museum der Ecole de Nancy.

Ablageschale in der Form eines länglichen, mit einem Chamäleon verzierten Blattes.
Dicke, gelbe und grüne Glaspaste.
1910 - Länge 27 cm - Museum der Ecole de Nancy.

Gruppe von Dekorationsobjekten.

Stilisierte Distel.
Blütenkrone aus weissem, in Pulvereinschmelzungen violett gewölktem Glas. Kelch und Stiel in Wasser- und Dunkelgrün. Dornen in Heissauflage.
Um 1900 - Höhe 44 cm - Kunstmuseum Nancy.

Heckenrose.
Grüner, braun geaderter, heissgezogener Stiel. Zweige, Blätter, Dornen und Kelchblätter aufgelegt. Weisse, rosa gewölkte Blütenkrone, heissbearbeitet.
Um 1900 - Höhe 33 cm - Kunstmuseum Nancy.

Kuhschellenanemone.
Farbloses, blau und violett gewölktes Glas für die Blütenkrone und pflaumenblaues für den Stiel, mit dem Rad ziseliert. Fuss in Ätzgravur.
Um 1900 - Höhe 35 cm - Kunstmuseum Nancy.

Tulpe auf Stengel.
Blume in orange überfangenem Glas auf farblosem Grund, heissbearbeitet und mit dem Rad nachgeschnitten. Dunkelgrüner, gelb gefleckter Stengel und Sockel in Martelétechnik.
Um 1900 - Höhe 35 cm - Kunstmuseum Nancy.

Schale mit Dekor aus Schmetterlingen und Blumen.
Marmoriertes oder zwischen den Schichten gefärbtes Glas mit aufgelegtem Dekor.
1900 - Höhe 20.5 cm - Museum der Ecole de Nancy.

Zwei Versionen, die eine unvollendet, einer Vase mit Dekor aus Schmetterlingen, Raupe, Insektenpuppe und Zweigen. Durch blaue, rotgoldene, weiss opaleszierende und bronzegrüne Pulvereinschmelzungen gefärbtes Glas. Dekor als Auflage und mit dem Rad nachgeschnitten.
Um 1912 - Höhe 23.5 und 19.5 cm - Kunstmuseum Nancy.

Seite 149. Dornen und Tränen. Balustervase als Passionsmotiv mit Dornen des Judasbaumes, auf blutrotem Grund und grossen roten Tränentropfen.
Blutrotes Glas.
1900 - Höhe 57 cm - Corning Museum of Glass, Corning, N.Y., Vereinigte Staaten.

Daum
Nancy

Tristan und Isolde.
Überfangglas in Orange, opalisierendem Blau und Braunviolett. Dekor in Ätzreserve und von Jacques Gruber ziseliert.
1897 - Höhe 38 cm - Kunstmuseum Nancy.

Seite 151. Kelchvase mit Dekor aus Faunen und Nymphen. Überfangglas in Gelb, Braun und Grün. Dekor in Ätzreserve und ziseliert.
Um 1910 - Kunstmuseum Nancy.

Der Glasmacher in der Werkstatt. Ovoide Vase mit mehrzipfligem Hals, in der Form geblasenen.
Überfangglas in Grün, Rot und Weiss. Der Dekorgrund ist ganz mit der Scheibe nachgeschnitten und ziseliert.
1908 - Höhe 40 cm - Privatsammlung.

Die Eichen. In eine ovoide Form geblasene Vase.
Überfangglas in Mauve auf mit Pastellpulvereinschmelzungen geflecktem Opalgrund. Bäume in geätztem Relief, Endfertigung mit dem Rad.
1910 - Höhe 28.5 cm - Privatsammlung.

Seite 153. Ehrung für Camille Cavalier, den Gründerpräsidenten der Giesserei von Pont-à-Mousson.
Überfangglas in Dunkelbraun und Orange. Dekor in Reserve, Medaillon und Fuss mit dem Rad nachgeschnitten. Tief eingravierte Weizenähren.
1924 - Höhe 74 cm - Privatsammlung.

Gruppe von Henkelvasen aus Glaspaste und Überfangglas.
Henkel in Heissauflage.
Von 1904 bis 1910 - Sammlung CFC Daum.

Tischlampe mit glockenförmigem Lampenschirm, verziert mit stilisierten Trauben.
Fussteil aus Schmiedeisen. Lampenschale und -schirm aus Überfangglas in Gelb, Orange und Braun. Dekor in Ätzreserve.
Um 1925 - Privatsammlungen.

Seite 155. Vase mit Dekor aus stilisierten Trauben.
Überfangglas in Gelborange und Dunkelbraun. Dekor in Ätzreserve.
Um 1925 - Sammlung CFC Daum.

Vase mit hohem Hals mit Dekor aus Weinreben mit Weintrauben.
Durch gelbe und orangrote Pulvereinschmelzungen gefärbtes Überfangglas auf bernsteinfarben mattiertem Grund. Dekor in Reserve, in der Form gegossene Weinreben, Weinbeeren heiss zusammengefügt.
Um 1905 - Chrysler Museum of Glass, Norfolk, Virgina, Vereinigte Staaten.

Seite 157. Cornetvase mit Dekor aus Weinreben und Trauben.
Gleiche Technik.
1905 - Höhe 42 cm - Kunstmuseum Nancy.

Tulpenvase, verziert mit Beeren und Ranken der Zierrebe.
Durch olivgrüne Pulvereinschmelzungen gefärbtes Glas.
Dekor aufgelegt. Aus einzelnen Teilen zusammengesetzter Fuss.
Um 1920 - Höhe 14.5 cm - Kunstmuseum Nancy.

Seite 159. Cornetvase auf rundem Fuss, Dekor aus Weinreben und Weintrauben.
Durch Pulvereinschmelzungen gefärbtes, rosa, gelb und purpurviolett gewölktes Überfangglas im oberen Teil, gelbgrün und violett für das Rebendekor, marmoriertes Granatrot für den Fuss. Einschluss von glänzenden Goldblättchen. Weinbeeren, -reben und -ranken heiss zusammengesetzt.
1918-1920 - Höhe 38.8 cm - Kunstmuseum Nancy.

Mit Weintrauben verzierte Urne.
Blassblau gewölktes, türkisblaues Glas.
Dekor in kobaltblauem Glas, mit Einschluss heiss aufgelegter Goldblättchen.
1922-1923 - Höhe 47 cm - Privatsammlung.

Vase in der Form eines stumpfen Kegels, verziert mit blauen Weinbeeren.
Grünblau gewölktes Glas mit Bläschen. Dekor in kobaltblauem, heiss aufgelegtem Glas.
Um 1920 - Höhe 40.6 cm - Sammlung CFC Daum.

Cornetvase auf Fussteil mit Kätzchendekor.
Leicht rauchiges Glas mit Bläschen. Dekor als Auflage von purpurvioletten Ästen und länglichen, ins Orange spielenden rosa Weidenkätzchen mit Goldpailetten.
1922-1923 - Höhe 45.5 cm - Sammlung Noyori.

Seite 163. Flöte mit Arabeskendekor.
Farbloses, geblasenes Glas mit Bläschen. Netz aus schwarzem, mit Tropfen aus rosarotem Glas durchsetztem Glas.
1920-1921 - Höhe 34 cm - Privatsammlung.

Schale mit Beerendekor.
Weisses, transparentes Glas. Auflage von rotem Glas und Cabochons als Beeren.
1920 - Höhe 14.5 cm - Privatsammlung.

Schlanke Vase mit Hals in der Form einer Blütenkrone.
Transparentes Glas mit gelben Pigmenten zwischen den Schichten. Dekor in Auflage von purpurvioletten Blättern, und ausgeschnittenen Stengeln auf denen zinnoberrote Tropfen plaziert sind.
1920 - Höhe 42 cm - Privatsammlung.

Zwei Vasen mit Dekor aus Spiralen, Laub und Beeren.
Klar- und Rauchglas. Dekor in heissaufgelegtem rotem und schwarzem Glas.
Um 1920 - Sammlung CFC Daum.

Seite 165. Zwei Vasen mit Dekor aus Laub und Beeren.
Glas mit Bläschen. Dekor in heissaufgelegtem rotem und schwarzem Glas.
Um 1920 - Sammlung CFC Daum.

Zwei hohe, schlanke Vasen mit Beerendekor.
Gewölktes Glas mit Bläschen, mit heissaufgelegtem blauviolettem, schwarzem und gelbem Glas. Klarglas mit Bläschen mit Auflage aus rotem und schwarzem Glas.
1920 - Sammlung Noyori.

Vase auf Fuss mit Beerendekor.
Mit gelben Streifen gefärbtes Klarglas. Gekrönt von Blättern und schwarzen und blauen Beeren in Heissauflage.
1920 - Sammlung Noyori.

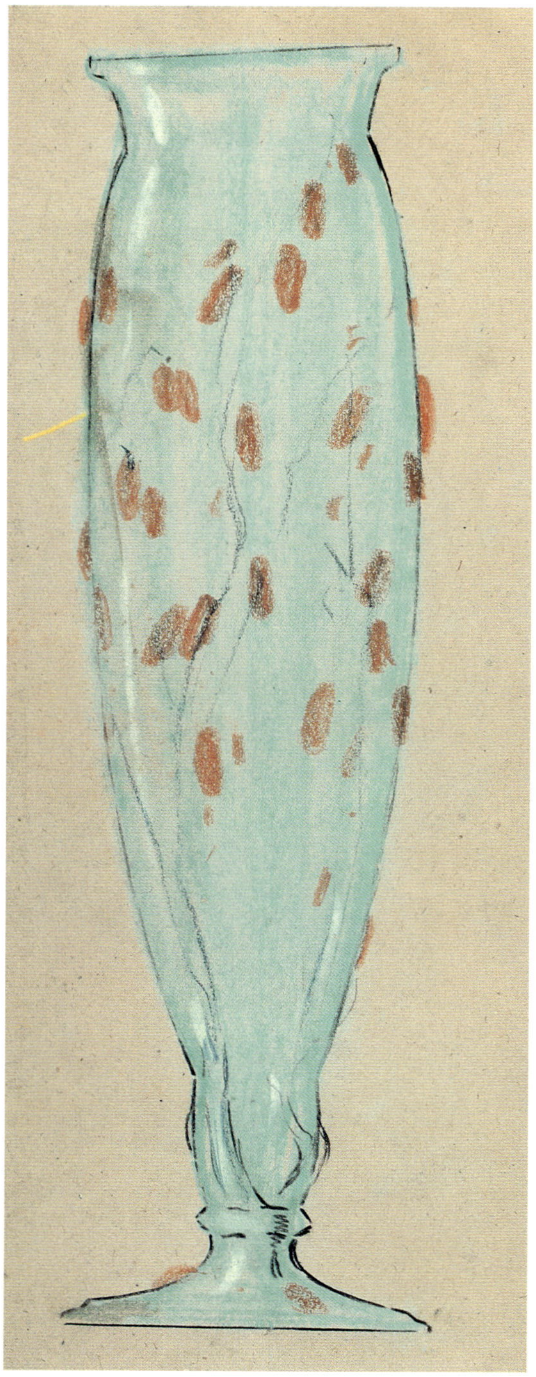

Projekte für Vasen und Puderdose.
Pastelle.
Um 1920 - Sammlung CFC Daum.

Seite 170-171. Projekte für Blütenkronenvasen.
Aquarelle.
Um 1920 - Sammlung CFC Daum.

Schale in der Form einer stilisierten Winde.
Farbloses Glas mit Einschluss von Goldpailetten zwischen den Schichten. Tiefvioletter, aufgelegter Faden.
Um 1920 - Höhe 38.5 cm - Kunstmuseum Nancy.

Schale mit Fuss in Form einer Windenblüte.
Blütenkrone aus weissem, opaleszierendem Glas mit rosa Adern. Kelchblätter, Stengel und Fuss in Schwarz. Fussteil in Martelétechnik, Kelchblätter und Stengel mit dem Rad geschnitten.
Um 1920 - Höhe 21.5 cm - Kunstmuseum Nancy.

Vase mit Fuss in Form einer Windenblume auf ihrem Stengel.
Blütenkrone aus ins Violett spielendem, durchschimmerndem Glas, mit Adern aus intensiverem Violett durchzogen und verziert. Becher und Stengel mit dem Rad geschnitten.
1920 - Höhe 49 cm - Kunstmuseum Nancy.

Soliflora und Vase mit Henkeln in Craquelédekor.
Überfangglas in Gelb, Bernstein und Dunkelbraun, das sein Craquelé-Muster dem Eintauchen ins kalte Wasser verdankt.
Um 1910 - Sammlung CFC Daum.

Kugelvase mit hohem Hals und geometrischem Dekor aus Bleinetz.
Durch Pulvereinschmelzungen in Gelb, Orange, Rot und Schwarz gefärbtes Überfangglas.
1918-1920 - Höhe 15.5 cm - Kunstmuseum Nancy.

Rundvase auf drei Kugeln mit Dekor aus stilisierten Blumen. Gelbes, gewölktes Glas. Dekor in Auflage von orangfarbenem, schwarzem und gelbem Glas.
Nach 1920 - Sammlung CFC Daum.

Vase in Form eines stumpfen Kegels mit geometrischem Dekor in Bernsteingelb und ins Orange spielendem Rosa, mit schwarzem Bleinetz.
Um 1920 - Höhe 17.7 cm - Kunstmuseum Nancy.

Diabolovase mit geometrischem Dekor in Bernsteingelb und ins Orange spielendem Rosa, mit schwarzem Bleinetz.
Um 1920 - Höhe 33.7 cm - Kunstmuseum Nancy.

Schale mit geometrischen Erhöhungen, in eine schmiedeeiserne Montierung von Louis Majorelle geblasen.
Durch Pulvereinschmelzungen in orangefarbenen Kameen gefärbtes Überfangglas. Einschluss glänzender Goldblättchen.
Um 1925 - Sammlung CFC Daum.

Seite 176. Gruppe von in schmiedeeiserne Montierungen von Louis Majorelle geblasenen Vasen und Schalen.
Durch Pulvereinschmelzungen gefärbtes Überfangglas.
Einschluss von Goldblättchen.
Um 1925 - Privatsammlungen.

Seite 178-179. Zwei in schmiedeeiserne Montierungen von Louis Majorelle geblasene Vasen mit Beerendekor.
Rauchfarbenes und orangegelbes, durchschimmerndes Glas.
1920-1925 - Sammlung CFC Daum.

Schale mit Fuss.
Farbloses Überfangglas mit türkis- und ultramarinblauem Glas für den Fuss. Einschluss glänzender Goldblättchen.
1925-1930 - Höhe 29 cm - Chrysler Museum, Norfolk, Virgina, Vereinigte Staaten.

Seite 181. Gruppe von Vasen.
Überfangglas mit Einschluss glänzender Goldblättchen.
1925-1930 - Sammlung CFC Daum.

Seite 182-183. Gruppe von Vasen und Schalen.
Klares Rauchglas mit Einschluss von Goldblättchen und opakes, orangefarbenes und braunes Glas. Dekor in Ätzgravur und Goldmalerei.
Um 1920 - Sammlung CFC Daum.

Hohe, zylindrische Vase mit Dekor aus stilisierten Blumen.
Überfangglas in transparentem Bernsteingelb mit Bläschen, Grün und Schwarz. Einschluss glänzender Goldblättchen.
Unterer Teil in Kerb- und Kameentechnik.
Um 1925 - Höhe 25 cm - Kunstmuseum Nancy.

Ovoide Vase mit Dekor aus stilisierten Blumen.
Transparentes Glas mit Einschluss von Goldpailletten.
Blumen graviert oder in Goldmalerei.
Um 1919 - Höhe 20 cm - Kunstmuseum Nancy.

Zylindrische Vase mit Dekor aus stilisierten Blumen.
Blassblaues Glas mit Bläschen. Dekor graviert und in Goldmalerei.
Um 1920 - Sammlung Noyori.

Vase in Kelchform mit vegetabilem, stilisiertem Dekor.
Klarglas, Dekor graviert und in Goldmalerei.
Um 1920 - Sammlung Noyori.

Seite 188-189. Zwei Schalen und eine Vase mit geometrischem Dekor.
Klarglas mit Bläschen und Einschluss von Goldblättchen.
Dekor graviert und in Goldmalerei.
Um 1920 - Sammlung CFC Daum.

Schale und Becher.
Blaues, orangefarbenes und schwarzes Glas.
Um 1920 - Sammlung CFC Daum.

Seite 190. Zepter. Vase in der Form eines stumpfen Kegels.
Weisses, transparentes Glas mit Bläschen. Zwischenschichtdekor der in orangefarbenes Glas eingewickelten Stengel.
1922-1925 - Höhe 23 cm - Kunstgewerbemuseum Paris.

Vase auf Fuss mit Farbstreifen.
Transparentes, orange gestreiftes Klarglas mit ziselierten orangefarbenen Bändern.
1922-1925 - Sammlung Noyori.

Urnenvase mit Band aus stilisierten Blumen.
Klarglas, Band aus orangefarbenem, mit dem Rad geschnittenem Glas und Cabochons aus orangefarbenem und schwarzem, heissaufgelegtem Glas.
1922 - Höhe 25 cm - Sammlung CFC Daum.

Niedere, zylindrische Vase.
Überfangglas aus Klarglas und Orangegelb. Dekor aus Blättern und Beeren in Reserve auf mattiertem Grund.
Um 1925 - Sammlung Noyori.

Seite 194. Vase mit Dekor aus Blumenband. Überfangglas in Klarglas und Orangegelb. Dekor in Reserve. Grund streifenweise ätzmattiert.
Um 1925 - Sammlung Noyori.

Art Déco Schale.
Dickes, transparentes, rot überfangenes Glas. Dekor in Ätzreserve auf mattiertem Grund.
Um 1925 - Privatsammlung.

Vase mit Dekor aus wildem Wein.
Überfangglas in Orangerot auf weissem Grund und mattierter Oberfläche. Dekor aus Ästen und Beeren in Ätzgravur.
Um 1925 - Privatsammlung.

Kugelvase mit Flaschenöffnung.
Überfangglas in glänzendem, leuchtendem Grün auf hellgrünem, mattiertem Grund. Vegetabiles Dekor in Ätzgravur.
1923 - Höhe 23.5 cm - Privatsammlung.

Grosse, ovoide Vase mit flachem Hals.
Überfangglas in opakem Weiss auf transparentem, körnigem Grund. Dekor aus als Kameen eingeätzten Dreiecken.
1929 - Höhe 42 cm - Sammlung Noyori.

DAUM NANCY

Offene Vase mit Dekor aus stilisierten Blumen.
Überfangglas in Smaragdgrün auf blassgrünem, mattiertem Grund.
Dekor in Ätzgravur.
1926 - Höhe 30 cm - Privatsammlung.

Seite 200. Vase mit Dekor aus stilisierten Blumen.
Überfangglas in Grün auf weissem Grund. Dekor in Ätzgravur.
1926 - Sammlung Ncyori.

Porzellanvase mit engem Hals.
Überfangglas in marmoriertem Graugrün auf braunem, körnigem Grund.
Dekor aus Heidelbeeren und Laub in Ätzgravur.
1924 - Höhe 34 cm - Privatsammlung.

Zylindrische Vase mit geometrischem Schuppendekor.
Überfangglas in marmoriertem Graugrün auf braunem, körnigem Grund.
Um 1923 - Sammlung Noyori.

Zeichnungen von Deckenlampen.
Gouache.
Um 1925 - Sammlung CFC Daum.

Seite 205. Zeichnung einer Lampe.
Gouache.
Um 1925 - Sammlung CFC Daum.

4991

Lampe Cylindrique -

Verre Blanc Gravé - ou jaune or masse.

Stries et Chevrons - 265f -

patinée bleu, rose, jaune ou bistre.

Nachttischlampe mit Dekor aus in Streifen eingeschriebenen Kreisen.
Körniges, ätzmattiertes Klarglas mit Golddekor, Montierung in gehämmertem Schmiedeisen.
Um 1920 - Höhe 50 cm -Privatsammlung.

Tischlampe mit Kugelfuss und Pilzschirm mit Dekor aus Streifen und Tupfen.
Weisses, mattiertes Glas, Dekor in Ätzgravur, Montierung in versilbertem Metall.
Um 1930 - Höhe 50 cm - Sammlung Noyori.

Seite 207. Tischlampe mit geometrischem Dekor.
Transparentes, bernsteinfarbenes und oranges Glas. Dekor in tiefer Ätzgravur.
Um 1928 - Höhe 60 cm - Privatsammlung.

Lampe mit Dekor aus stilisierten Früchten.
Glas in opaleszierendem Weiss, Dekor in Ätzgravur auf mattiertem Grund.
Um 1930 - Sammlung Noyori.

Seite 208. Lampe in der Form eines Tintlings mit Dekor aus vertikalen Kannelierungen. Glas in opaleszierendem Weiss, Dekor in Ätzgravur auf mattiertem Grund. Eisenmontierung mit drei Armen.
Um 1930 - Höhe 38 cm - Kunstmuseum Nancy.

Kugelvase mit Dekor aus konzentrischen Kreisen.
Blassgelbes, ätzmattiertes Glas.
Um 1935 - Höhe 27.5 cm - Kunstmuseum Nancy.

Seite 210. Vase mit Hals mit geometrischem Dekor und Cabochons. Klarglas mit gelben Innenschichten und Goldeinschlüssen. Dekor ätzmattiert.
Um 1935 - Corning Museum of Glass, Corning,N.Y., Vereinigte Staaten.

Vase in Form eines stumpfen Kegels mit Vogeldekor.
Transparentes, bernsteinfarbenes Glas in Ätzgravur auf körnigem Grund.
Um 1930 - Sammlung Noyori.

Seite 212. Grosse, bernsteinfarbene Vase mit Lanzettendekor.
Transparentes, dickes, geblasenes, sehr tief ätzgraviertes Glas. Die Bernsteinfarbe wird durch Variationen der Glasdicke und der Oberflächenätzung moduliert.
1935 - Höhe 40 cm - Privatsammlungen.

Urne mit stilisiertem Hirsch als Dekor.
Überfangglas in Orangegelb auf klarem, mattiertem Grund.
Dekor in Ätzgravur.
Um 1925 - Sammlung CFC Daum.

Kugelvase mit konischem Hals mit stilisiertem Hirsch als Dekor.
Überfangglas in Braun auf Grund aus mattiertem Klarglas.
Dekor in Ätzgravur.
Um 1925 - Sammlung Noyori.

Kugelvase mit konischem Hals mit Hirsch und Hirschkuh als Dekor.
Violettes Überfangglas auf transparentem, körnigem Grund.
Dekor in Ätzgravur.
1924-1925 - Höhe 26 cm - Privatsammlung.

Vase in der Form eines stumpfen Kegels mit geometrischem Dekor.
Hellblaues Glas. Dekor in Ätzgravur auf körnigem Grund.
Um 1930 - Sammlung Noyori.

Seite 217. Ovoide Vase mit geometrischem Dekor.
Blaues Glas, verziert mit Vierecken in Reserve und starker Ätzung.
1935 - Sammlung Noyori.

Tulpenvase mit Henkeln in geometrischem Dekor.
Blaues Glas, Dekor in Reserve, körniger, stark ätzmattierter Grund. Heissaufgelegte Griffe.
Um 1930 - Höhe 34.5 cm - Sammlung Noyori.

Kugelvase mit geometrischem Dekor.
Dunkelblaues Glas, Dekor aus Kreisen und tief eingeätzten Punkten.
1935 - Sammlung Félix Marcilhac.

Projekte für gravierte oder ziselierte Dekors.
Chinesische Tinte, Bleistift und Aquarell.
Um 1920 - Sammlung CFC Daum.

Porzellanvase mit Antilopendekor.
Klarglas, Dekor mit dem Rad geschnitten.
1927 - Höhe 15 cm - Sammlung CFC Daum.

Schalenvase mit Jagdszenendekor.
Rauchglas, Dekor mit dem Rad geschnitten.
Um 1927 - Sammlung CFC Daum.

Seite 224-225. Zwei Vasen auf Fuss mit Affen auf Bäumen als Dekor.
Klarglas, Dekor mit dem Rad geschnitten.
Um 1928 - Sammlung CFC Daum.

Vase mit abgeflachtem Hals.
Braunes, gegossenes Glas mit auskragenden Seiten.
1927 - Sammlung Félix Marcilhac.

Vase.
Dunkelblaues, gegossenes, kalt nachgeschnittenes Kristall.
Um 1927 - Sammlung Félix Marcilhac.

Seite 228-229. Gruppe von Vasen mit geometrischem Dekor.
Rauchglas in Strohgelb und Hellgrün. Dekor in Reserve und geschnitten.
Zwischen 1925 und 1935 - Sammlung CFC Daum.

Gruppe von Schalen und Vasen.
Transparentes, grünes, geschnittenes und heissverarbeitetes Glas.
Um 1935 - Sammlung CFC Daum.

Seite 230. Gruppe von Vasen mit geometrischem Dekor und Materialeffekten.
Hellgrünes, ätzmattiertes Glas.
Um 1930 - Sammlung CFC Daum.

Segel.
Klinge und Sockel aus heissverarbeitetem Kristall.
1950 - Höhe 60 cm - Sammlung CFC Daum.

Seite 232-233. Gruppe von Flakons in der Form von bestimmten Persönlichkeiten.
Heissverarbeitetes Klarkristall.
1954 - Sammlung CFC Daum.

Seite 235. Dreibeinige Vase.
Klarkistall, heissgerollt und -verarbeitet auf gegossenem Sockel.
1958 - Höhe 40 cm - Sammlung CFC Daum.

Schale.
Heissgezogenes Klarkristall. Dieses Modell, ein Klassiker von Daum, kann eine Länge von bis zu 110 cm erreichen.
1950 - Länge 60 cm - Sammlung CFC Daum.

Schale "Orion".
Heissgezogenes Klarkristall.
1950 - Höhe 30 cm - Sammlung CFC Daum.

Gruppe von Vögeln, Störchen, Möwen und Enten.
Heissgezogenes Klarkristall.
1960-1970 - Sammlung CFC Daum.

Service "Boléro".
Gegossenes und heissverarbeitetes Klarkristall.
1960 - Sammlung CFC Daum.

Service "Sorcy".
Gegossenes und heissverarbeitetes Klarkristall.
1950 - Sammlung CFC Daum.

Seite 238. Grosse Vase mit gedrehter Auflage.
Heissverarbeitetes Klarkristall.
1951 - Höhe 35.5 cm - Sammlung CFC Daum.

Seite 240-241. Gruppe von Tieren.
Gegossenes oder heissverarbeitetes Klarkristall.
1960 bis 1990 - Sammlung CFC Daum.

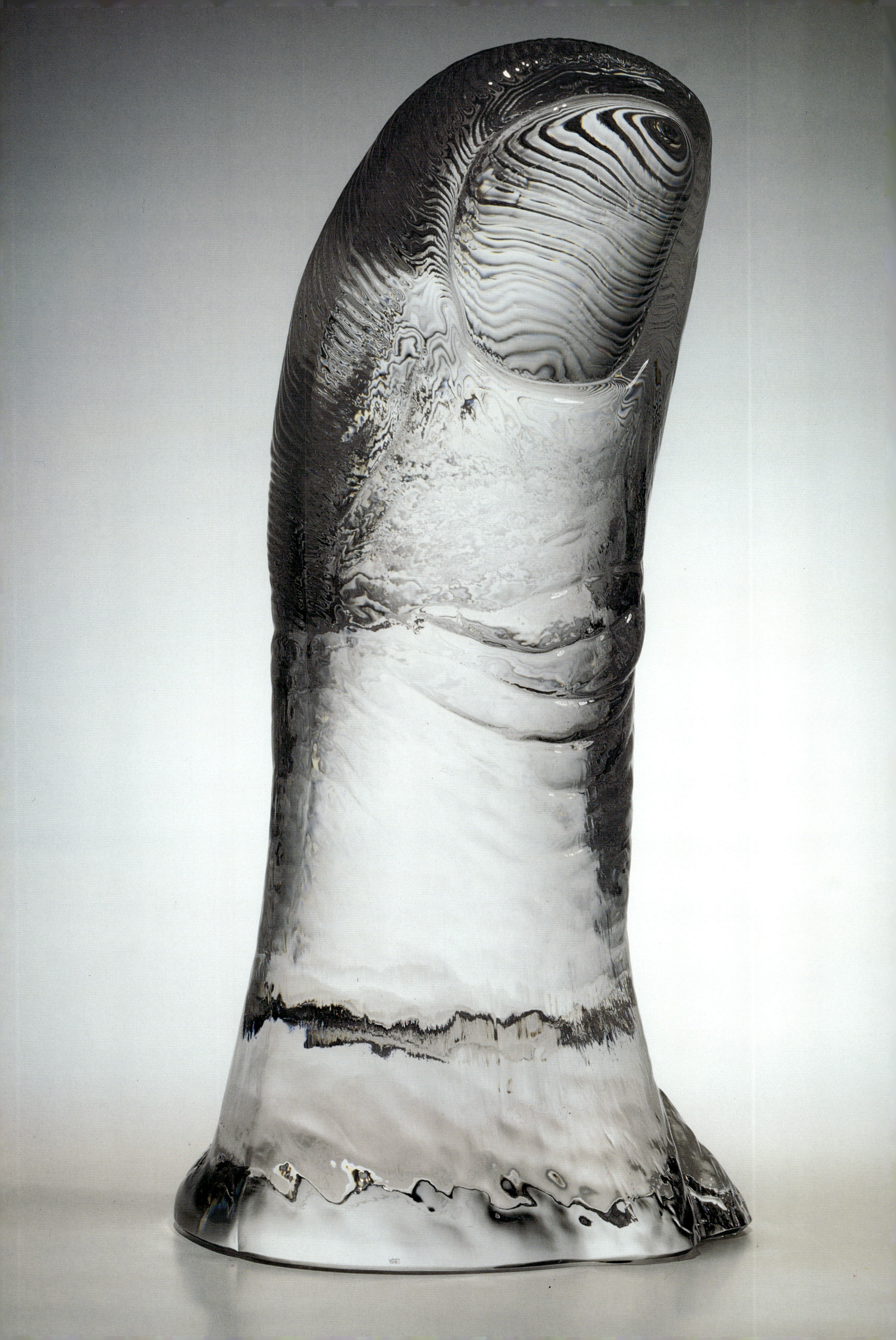

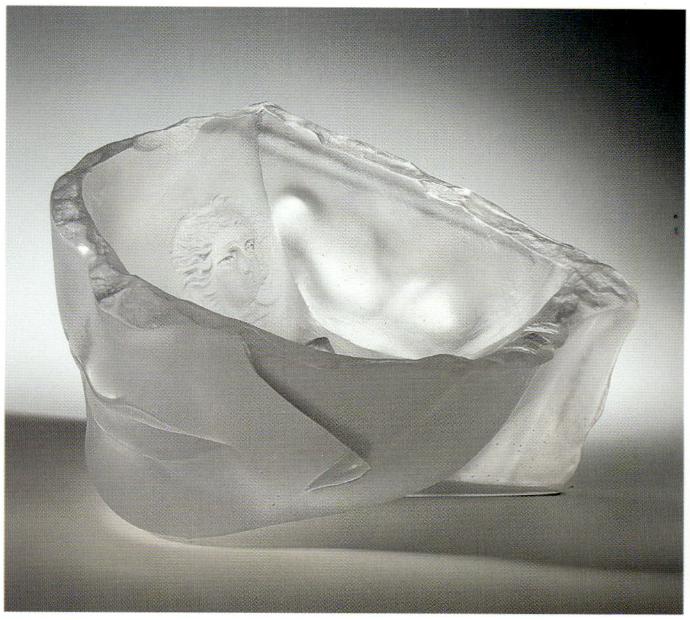 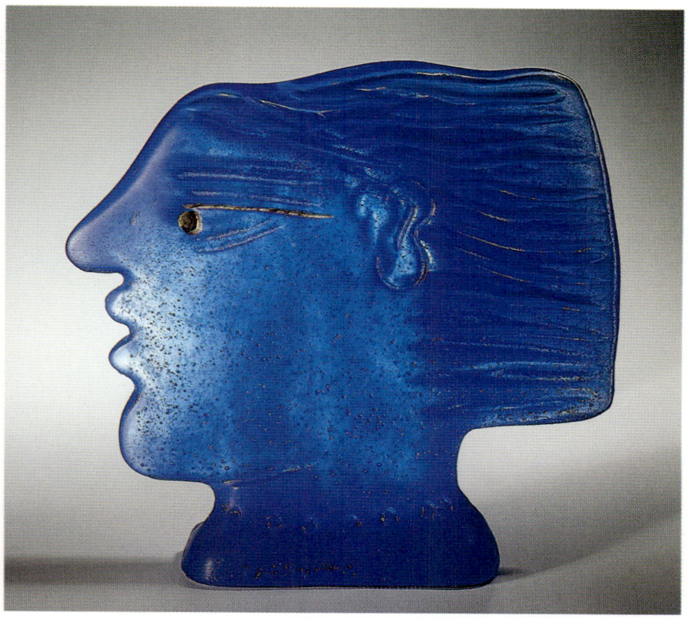

Mitoraj: "Saturnia".
Weisse Glaspaste.
1989 - Höhe 18 cm - 200 Exemplare - Sammlung CFC Daum.

Fassanios: "Kallisti".
Blaue oder weisse Glaspaste.
1988 - Höhe 20 cm - 100 Exemplare - Sammlung CFC Daum.

Seite 242. César: "Le Pouce" [Der Daumen].
Gegossenes Klarkristall.
1975 - Höhe 30 cm - 300 Exemplare - Sammlung CFC Daum.

Salvador Dali: "Montre molle" [weiche Uhr].
Glaspaste und Metall.
1989 - Höhe 55 cm - 850 Exemplare - Sammlung CFC Daum.

Seite 244-245. Sammlung Salvador Dali "Calice" [Becher]: Vase, Kerzenständer, Gläser und Schale.
Rotes Überfangglas aus Kristallglas und Glaspaste.
1989 - Sammlung CFC Daum.

Salvador Dali : "Venus de Milo hystérique" [Hysterische Venus von Milo]
Glaspaste.
1983 - Höhe 36 cm - 300 Exemplare - Sammlung CFC Daum.

"L'important, c'est la rose" [Das Wichtige ist die Rose].
Glaspaste.
1968 - Höhe 28 cm - 150 Exemplare - Sammlung CFC Daum.

"Débris d'une automobile donnant naissance à un cheval aveugle mordant un téléphone" [Reste eines Autos, das ein blindes Pferd zur Welt bringt, das in ein Telephon beisst].
1989 - Höhe 39 cm - 850 Exemplare - Sammlung CFC Daum.

Sammlung "Nature", Champagnerflöte und Soliflora.
Glaspaste und Klarkristall.
1988 - Sammlung CFC Daum.

Schale "Grenouille" [Frosch]
Glaspaste.
1988 - Durchmesser 16 cm - Sammlung CFC Daum.

Seite 250-251. Gruppe von Wassergläsern, Vase und Schale der Kollektionen "Nature" und "Bacchus".
Kristall und Glaspaste.
Ab 1987 - Sammlung CFC Daum.

Daum

Hilton McConnico: Schale "Nevada.
Kristall und Glaspaste.
1987 - Durchmesser 30 cm - 950 Exemplare - Sammlung CFC Daum.

Seite 252-253. Hilton McConnico: Gruppe von Gläsern und Karaffen der Serie "Cactus".
Kristall und Glaspaste.
Ab 1987 - Sammlung CFC Daum.

Hilton McConnico: Vase "Phèdre" [Phädra].
Rotes Überfangglas aus Klarkristall und Glaspaste in Auflagetechnik.
1988 - Durchmesser 34 cm - 750 Exemplare - Sammlung CFC Daum.

Philippe Starck: Vase "Trois étrangetés sous un mur" [Drei sonderbare Dinge unter einer Mauer].
Glasplatte, Kristallhörnchen in Violett und Gelb.
1988 - Höhe 46 cm - Sammlung CFC Daum.

Vase: "Une étrangeté sous un mur" [Ein sonderbares Ding unter einer Mauer].
Blaues und violettes Glas und Kristall.
1988 - Höhe 60 cm - 50 Exemplare
1990 - Höhe 50 cm - Sammlung CFC Daum.

Seite 257. Vase: "Une étrangeté contre un mur" [Ein sonderbares Ding, gegen eine Mauer gelehnt].
Violettes Glas und Kristall.
1990 - Höhe 70 cm - 50 Exemplare - Sammlung CFC Daum.

Daum
STARCK

Elizabeth Garouste und Mattia Bonetti: Service "Trapani".
Klarkristall und Glaspaste.
1989 - Sammlung CFC Daum.

Seite 259. Kerzenhalter "Trapani".
Glaspaste.
1989 - Höhe 25 cm - Sammlung CFC Daum.

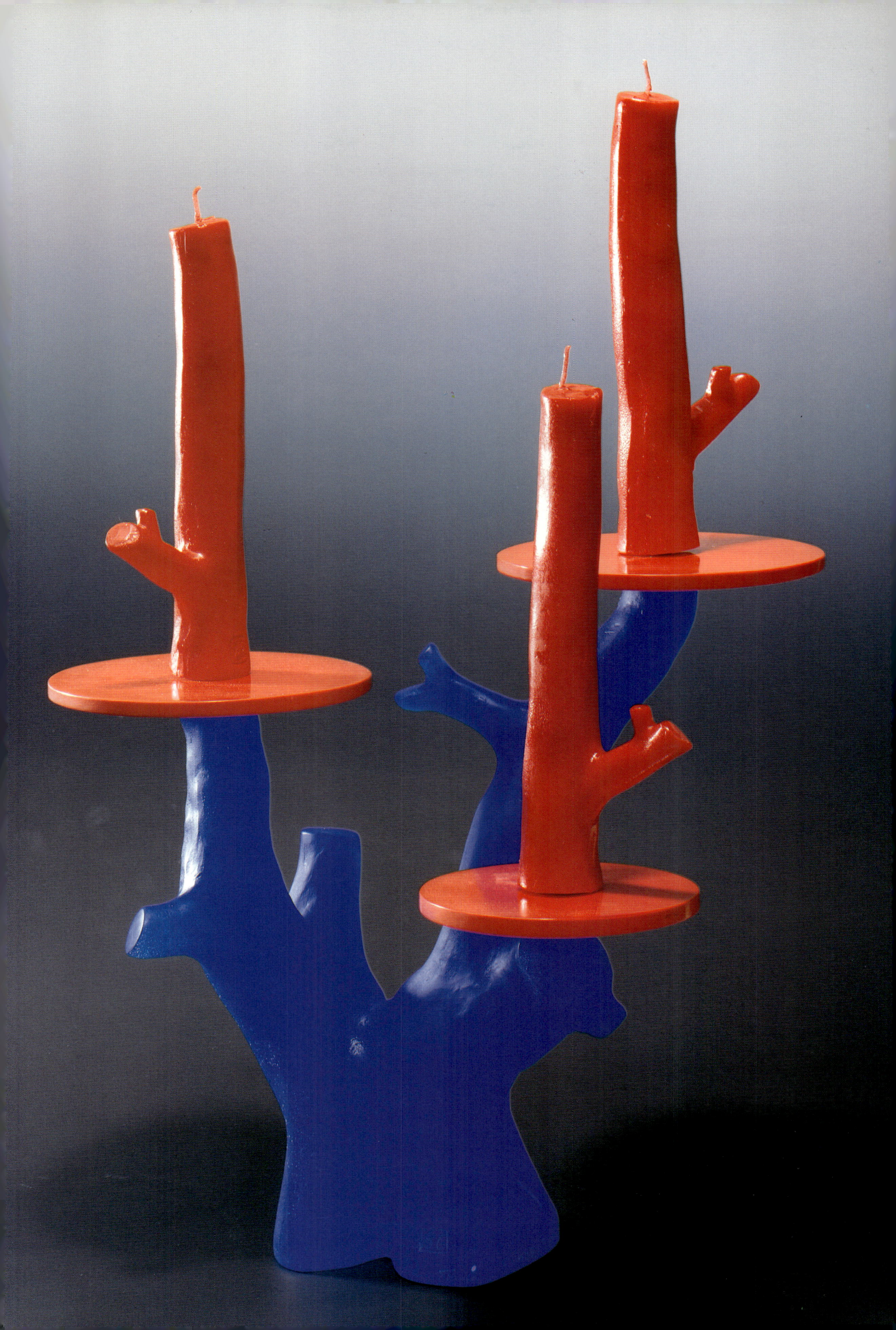

André Dubreuil: Standleuchte "Lacrima". Blaues Kristall mit Golddekor und Bronzefuss.
1990 - Höhe 183 cm - 75 Exemplare - Sammlung CFC Daum.
Schale und Vase "Lacrima". Blaues Kristall mit Golddekor und Bronzefuss.
1990 - Höhe 38 cm und 42 cm - Sammlung CFC Daum.

Seite 261. Leuchter "Shanghai". Grünes Kristall mit Einschlüssen aus Messingpailletten, in eine Montierung aus Schmiedeisen geblasen.
1990 - Höhe 234 cm - 75 Exemplare - Sammlung CFC Daum.

VOR 1914 - AUF DER SUCHE NACH EINEM EIGENEN, AUF TECHNIK UND DEKOR GRÜNDENDEN STIL

"Glas, was willst Du von mir?

Sprich sanft, ohne Stimme, sprich zu meiner Seele."

Der Firma Daum gelang es, dank einer künstlerischen Zusammenarbeit, die ihr einen eigenen Stil zu schaffen erlaubte, in den verschiedene Inspirationsarten und unterschiedlichste Techniken einflossen, den Betrachter in das magische Reich des Glases zu entführen. Paul Valéry schrieb: "Unter allen Künsten, auch den abenteuerlichsten und unsichersten, kenne ich keine edleren als die feuergeborenen."

Welches sind nun aber die Elemente, die es durch Material oder Technik, Form oder Dekor - den ausschlaggebenden Kriterien bei allen Überlegungen zur Glaskunst also - erlauben, eine Manier oder einen Stil zu definieren? Muss man nach dem Beitrag an Arbeit und Inspiration der einzelnen Mitarbeiter fragen, die als Fachkräfte einen einzigen Tag oder vielleicht auch mehrere Jahre bei Daum wirkten, und deren Fingerfertigkeit und Phrasierung in der Palette dieser Gläser abzulesen sind? Eine wahrhaft verführerische Idee, doch sollte man nicht vergessen, dass sich die Erzeugnisse der Firma Daum immer wieder als das Endresultat einer Teamarbeit, einer von Strömungen durchzogenen Einheit, deren Gesamtheit erst die Qualität und das Interesse ausmachten, erwiesen. Diese relative Anonymität wurde noch grösser, als die meisten Archive den Überschwemmungen von 1947 zum Opfer fielen.

Deshalb haben wir, ohne die ausschlaggebende Rolle der Geschicklichkeit und des Talents jedes einzelnen Beteiligten zu vernachlässigen, beschlossen, die Originalität der Gläser der Daum Manufaktur durch eine Untersuchung der Entwicklung der Technik und des Dekors aufgrund von Werkstücken darzulegen, die durch den Reichtum ihrer Details den Blick auf sich ziehen, um schliesslich bis zu jener Übergangszeit vorzustossen, die vor und nach dem Ersten Weltkrieg prägend war und schliesslich zum Art Déco Stil führte. Auf diesem Weg erscheinen parallel zur kontinuierlichen Entwicklung der Familie Daum, unbekannte wie bekannte Namen, von Gall bis Schneider oder Gruber, Bergé, Amalric Walter und Majorelle.

DIE TECHNIK

Von 1878, dem Gründungsdatum der sich auf Flakons und Becher spezialisierenden "Verrerie de Nancy", bis 1891, dem Jahr der Eröffnung einer Dekorwerkstatt, suchte die Glasmacherei Daum ihre Inspiration immer in der Nähe zum traditionellen Geschmack ihrer bürgerlichen Kunden.

Der zurückgelegte Weg, seit die von Avril und Bertrand gegründete Glasmacherei Sainte Catherine 1875 ihre Tore öffnete, war recht beachtlich. Ausschlaggebend war jedoch der Rückstand in bezug auf Emile Gallé, der um achtzehn Jahre älter war als Antonin Daum. Sein Vater, Charles Gallé, hatte schon 1845 begonnen bei Reinemer, in der Werkstatt eines Spiegelfabrikanten an der rue de Faïencerie in Nancy zu arbeiten. Er selbst arbeitete ab 1875 mit seinem Vater, und errang an der Weltausstellung von 1878 eine Silbermedaille und zwei Bronzemedaillen, während Jean Daum, der Vater von Auguste und Antonin, ein ehemaliger Notar aus Bitche, gerade erst die Leitung der "Verrerie" [Glasmacherei] von Nancy übernahm.

Zu diesem zeitlichen Abstand trat ein grundsätzlicher Unterschied in bezug auf Neigung, Einfühlungsvermögen und Zielsetzungen. Dennoch sind die beiden Namen in der Ende des 19. Jh. in Lothringen so fruchtbaren Geschichte des Glases eng miteinander verknüpft; ihre Werke werden oft und vielfach auch zuungunsten von Daum miteinander verglichen.

Es kann nicht unser Anliegen sein, diese Debatte erneut zu schüren. Wir wollen hier vielmehr die von Daum verwendeten Mittel definieren, die die Glaskunst so sehr bereicherten.

In den 80er Jahren des vergangenen Jahrhunderts wurden die ersten technischen Verfeinerungen im Geiste des damals hochgeschätzten 18. Jh. in den Dienst der Herstellung von Tafelglas gestellt.

Der Glasschnitt mit dem Rad und die Email- und Goldmalerei auf transparenten, opaleszierenden und mehr oder weniger durchschimmernden Gläsern waren bis in die 90er Jahre die einzigen verwendeten Methoden. Auch wenn sich die Daum Manufaktur noch nicht von früheren Vorbildern wie dem böhmischen oder venezianischen Glas oder der Tradition des 18. Jh. distanzierte, so verkündete sie doch schon ihren Willen zur Veränderung. Sie passte sich zwar dem Zeitgeschmack an, fand aber dank einer bereits anspruchsvollen, ständig diversifizierten und verbesserten Technik, eine erlesene Entgegnung darauf. Unter den allerersten Kunsthandwerkern dieses technischen Erfolgs muss man den Glasmachermeister Gall, Vater von Eugène Gall, der vierzig Jahre bei Daum arbeitete, und Dufour, den Emailmaler, erwähnen.

1889 erhielt Gallé den Grand Prix der Abteilung Kristallglas, Glaskunst und Verglasungen an der Weltausstellung.

1891 eröffnet Daum eine Glaskunstwerkstatt, die zum Ziel hatte, jene Glasmacher, Email- und Goldmaler sowie Graveure auszubilden, die schliesslich die einzelnen Glasgefässe schaffen und verzieren sollten. Ein Wendepunkt war eingetreten, und nun begann die langjährige Entwicklung der Glasmacherei Daum, die sich, immer aufmerksam die Wechsel des Geschmacks und der Technik im Auge behaltend, mit ihren Werken einen Platz in der Geschichte des Glases erobern sollte.

An der Ausstellung von Chicago von 1893 nahm Daum noch ausser Konkurrenz teil, errang aber an den Ausstellungen von Lyon von 1894, Bordeaux von 1895 und Brüssel von 1897 Ehrenmedaillen und 1990 den Grand Prix von Paris, und war von nun an an allen wichtigen Kunstgewerbeausstellungen (Kopenhagen, Sankt Petersburg, Stockholm) und den jährlich veranstalteten Pariser Messen anzutreffen.

Durch die Wiederentdeckung traditioneller Verfahren und die Suche nach neuen Techniken, die erlaubten, die aus verschiedenen Zeitströmungen ausgewählten Themen in der Ausführung zu variieren, gelang es Daum und seinen Mitarbeitern schon bald den Anblick ihrer Erzeugnisse zu veredeln.

Zur Transparenz des meist mit Gold oder Email verzierten Glases trat nun, dank geschickt dosierter Metalloxide (Kupfer, Eisen ...) und minutiös ausgefeilter Rezepturen, der direkt in die Glasmasse eingebrachte Farbeffekt.

Zur Radgravur, die schon bald zur Martelétechnik führte - einem Verfahren, dem Daum Oberflächen- und Reliefeffekte ähnlich denen des Metalls entlockte - kam nun die Ätzgravur, die es erlaubte, Dekorelemente mit Hilfe des Naturasphalts, einer Art Teer, der die übrigen Teile des Werkstücks vor der Säure schützte, als Vertiefungen oder in Reserve zu verwirklichen.

Schon bald erlaubte die Verwendung des doppelten und dreifachen Glases, des sogenannten Überfangglases, jene Farben wiederzufinden, "in die die Natur alle Wesen kleidet" (E. Gallé), eine Idee, die alle Mitglieder der Ecole de Nancy beschäftigte. Die mehr oder weniger tiefe Ätzung durch die Säure konnte so die gewünschten Farben sichtbar machen, die sich vom meist unebenem oder mattiertem Grund abhoben. Dieses von Gallé nur wenig beachtete Verfahren war ein ausschlaggebendes Element in der Daum Manufaktur, und wurde bis zum Ersten Weltkrieg zusammen mit anderen, in den dreissiger Jahren aber unter Ausschluss aller anderen Verfahren eingesetzt. Es erlaubte, Dekors von ausserordentlicher Feinheit: die Quelle der Qualität und Einzigartigkeit der Vasen jener Jahre, in denen die Firma Daum, auf der Suche nach der Überwindung der engen Grenzen traditioneller Herstellungsverfahren versuchte, ihren Erzeugnissen eine persönliche Note und eine von Emile Gallés Werken abweichende Prägung zu verleihen. Wir werden später in dieser Studie der Dekors erfahren, wie ihm dies gelang.

Parallel zu dieser Erforschung der Kaltverarbeitung des Glases erlaubte die ständige Perfektionierung der Ressourcen der Warmverarbeitung, unterschiedlichste Resultate zu erzielen. So ist etwa die grosse Vase mit den Trauben ein Beispiel einer Technik, bei der jede Weinbeere heissaufgelegt wurde. Diese Auflagetechnik wurde trotz der ihr inhärenten Probleme weiterverfolgt, weil man sich nach der Entwicklung der Mode und des Geschmacks richtete.

Doch die Vase mit den Herbstzeitlosen, eines der subtilsten Stücke dieser auf der lokalen Flora basieren Inspirationsart, lässt, obwohl sie bei der Herstellung beschädigt wurde, die Risiken deutlich werden, die der Glasmachermeister einging, wenn er Glaselemente, Tropfen, Fäden, Cabochons, Insektenkörper, oder wie hier Blumen, heiss zusammensetzen wollte, deren Ausdehnungskoeffizient nicht genau dem des Vasengrunds entsprach.

Es gibt aber noch ein anderes Verfahren, das erlaubt, die Effekte der unterschiedlich dicken Wandungen und der Reliefs zu variieren und den Stücken ein anderes Volumen oder eine verstärkte Tiefenwirkung zu verleihen. Es handelt sich um die Verwendung heissplazierter Glasplättchen, eine oft nur schwer von der Gravur auf einem Überfangglas zu unterscheidenden Technik, weil ihre Dicke kaum grösser ist wie jene der gravierten Elemente.

Gallé suchte seit 1878 um jeden Preis "eine Palette zu entwickeln, die es erlaubt, das Glas mit Hilfe von Farben und einschmelzbarer Emailfarben zu verzieren". Mittlerweile boten die Kunstgewerbe- und Weltausstellungen allen Gelegenheit zum Werkvergleich. So vervollkommnete auch Daum für die Weltausstellung von 1900 seine Technik der Pulvereinschmelzungen. Diese bestand darin, fein vermahlenes Glas gemäss eines nach genauer Vorlage gefertigten Musters auf den heissen Külbel oder Vorformling aufzutragen, den der Glasmacher noch am Ende seiner Pfeife hielt, damit es sich, vor dem erneuten Eintauchen in den Schmelzhafen, mit dem Glas verbinde. Schliesslich folgte als letzter Arbeitsgang die Ätzgravur des Dekors. Diese Technik, die die Daum Manufaktur bis zum äussersten verfeinerte und die sie vor allem zu Anfang des Jahrhunderts praktizierte, sollte die Erzeugnisse jener Epoche dominieren.

Zu dieser speziellen Technik fügte Daum zur gleichen Zeit noch eine zweite, ähnliche, denn auch sie entstand aus dem Entschluss, dem Glas durch die mittels verschiedener Glasschichten erzeugte Tiefenwirkung und Perspektive, den Reichtum der Malerei zu erschliessen. 1899 patentierte Daum eine Technik der "Zwischenschichtdekoration bei grosser Hitzeeinwirkung" [décoration intercalaire à grand feu]. Diese Methode besteht darin, zwischen zwei Glasschichten eine Landschaft oder ein gemaltes Dekor aufzubringen.

Zwei Vasen sind ein typisches Beispiel für diese neue Technik: die eine zeigt die fragile Bewegung regengeschüttelter Bäume, die andere, etwas orientalischer anmutend, erinnert an eine Krabbe inmitten grüner und roter Algen. Diese letztere zeigt, durch ihren Anspielungscharakter, ihre schon fast immaterielle Atmosphäre, den weiten, seit den ersten, von Daum bei Aufnahme seiner Tätigkeit eingeführten Tafelglaswaren zurückgelegten Weg.

Unsere Studie der von Daum in dieser Zeitspanne verwendeten Techniken lässt jene Punkte erkennen, die - parallel zu Emile Gallé und auf einem Weg, auf dem Daum selten als Vorläufer gelten konnte - es jenem doch ermöglichten, einen eigenen Stil zu entwickeln. Immer wieder wurden dazu die verschiedenen Methoden und Techniken bis zum Äussersten vorangetrieben. Man beschloss auch, Bereiche wie die "marqueterie de verre" zu vermeiden, in der Gallé bereits dominierte. Die Ausdrucksmöglichkeiten waren die der Firma eigenen, und wir werden nun sehen, das sie sich vor allem in verschiedenen Dekorelementen äusserten.

DEKOR

Kleine Blumen und Blattwerk waren die wohl am häufigsten als Dekor dieser Tafelgläser anzutreffenden Elemente, die zu Anfang den Erfolg Daums ausmachten. Wie aber gelangte er von dieser Verzierung zu einer so modernen Auffassung wie der, die wir auf dieser Vase mit der Krabbe sehen können? Mehrere Faktoren beeinflussten die Entwicklung dieser Motive und Themen.

Die Metamorphosen des Geschmacks und der Mode spielten eine ausschlaggebende Rolle bei der Auswahl der verschiedenen Themen. Eine Betrachtung der Entwicklung des Dekors bei den Daum - Erzeugnissen der 90er

Jahre bis hin zum Ersten Weltkrieg belegt gleichsam wie im Widerschein eines Spiegelbilds das von Daum gezeigte Einfühlungsvermögen in die damalige bürgerliche Kundschaft Lothringens, enthüllt aber auch, wie gebildete Menschen, vornehmlich jene Mitglieder der Familie Daum, die dem Schicksal des Unternehmens in jener Zeit vorstanden, ihren persönlichen Geschmack einzubringen wussten.

Die Details, die dem Werk seine Originalität verliehen.

Seit die Daum Manufaktur - obwohl sie immer ein offenes Ohr für die Wünsche ihrer Kunden hatte - einen persönlicheren Stil zu verwirklichen suchte, gelang es ihr, sich durch subtile Details und dank der Geschicklichkeit ihrer Mitarbeiter, auszuzeichnen. Allzu oft in Eile betrachtet, weil allzu bekannt, verdienen es die verschiedenen Werke der Firma Daum, von nahe betrachtet zu werden, wenn man ihre Qualität wirklich beurteilen will. In den 90er Jahren des letzten Jahrhunderts war es, unabhängig von der Inspirationsquelle und der einmal gewählten Form, immer eine fehlerlos beherrschte Technik, dank derer sich ein Teil einer Vasenseite oder ein verstecktes Detail als gefälliges Bild oder Motiv erwiesen.

Spricht man von Regionalismus, so weist das in Email- und Grisailletechnik in einem vergoldeten Wappenschild gemalte Haus von Jeanne d'Arc den Charme eines romantischen Stichs auf. Und denkt man an den von der Fauna und Flora eingenommenen Platz in der Inspiration der Ecole de Nancy, so streiten sich die Bienen und Libellen in bezug auf ihr Schillern und ihre Pracht um den Vorrang, und man weiss gar nicht, welche Blume wählen, um die Feinheit der Farbschattierungen und Formen am besten aufzuzeigen. Der japanisierende Stil, dessen Einfluss auch Daum nicht entging, war ebenfalls eine Quelle subtilster Dekors.

Die Versuchung der Bildhauerei

Auflagen und Plättchen hatten es bereits möglich gemacht, die plastische Seite der Vasen der Bildhauerei anzunähern. Mit der Glaspaste, einem bedeutenden Dekorelement, das Daum zu Anfang dieses Jahrhunderts einführte, wurde nun eine ganze Serie plastisch verarbeiteter Objekte möglich. Sie waren das Ergebnis einer engen Zusammenarbeit von Antonin Daum, Amalric Walter, eines ehemaligen Schülers der Sèvres Manufaktur, und Henri Bergé, des Leiters der Dekorationswerkstatt bei Daum. Ein Bestiarium aus Hermelinen, Krabben, Eulen und der mit Hilfe verlorener Wachsformen erzielten fliessenden und freien Formen, deren weiche Farben mit dem Licht spielten, bildeten ein neues Repertoire an kleinen Stücken, die zunächst der Idee des Nützlichen entsprangen, aber auch dekorativ waren.

Die Figurenvasen

Obwohl eher selten unter den Erzeugnissen der Daum Manufaktur anzutreffen, sind sie deswegen nicht von geringerem Interesse. Vergleicht man den "Glasmacher" in der Werkstatt, der erst kürzlich ins Verkaufsprogramm aufgenommen wurde, "Fructidor et le Faune", das von Daum reproduziert wurde, oder "Les Verriers égyptiens", so ist unzweifelhaft, dass Antonin Daum, der sich von seiner Leidenschaft für Wagner beeinflussen liess, als er Jacques Gruber anlässlich ihrer kurzen Zusammenarbeit ab 1893 das Thema von Tristan und Isolde vorschlug, zur Verwirklichung eines aussergewöhnlichen Werks beitrug. Die Geschicklichkeit des Glasmachers, verbunden mit dem Talent von Jacques Gruber, verwandelten diese Frau mit den langen gewellten Haaren, die

die gleichsam ätherischen Saiten ihrer Harfe erklingen lässt, in ein unvergessliches Symbol der Liebe.

Diese Vase ist übrigens ein ausgezeichnetes Beispiel des für jene Zeit so charakteristischen Eklektizismus', bei dem Künstler wie Kunsthandwerker durch ganz unterschiedliche Inspirationsquellen angezogen wurden.

Die Verlockung der Malerei

Es lässt sich wohl kaum ein Dekor vorstellen, das sich mehr als diese in Herbstfarben gehaltenen Bäume auf einer Serie von Vasen vom Üblichen abhebt.

Wir betreten hier den Bereich der Malerei. Parallel zur Erforschung von Formen, Volumen und Wanddicken, suchte Daum hier eine neue Dekortechnik zu vervollkommnen. Zur gleichen Zeit, in der er einige seiner Mitarbeiter auf bildhauerisch gestaltete Formen lenkte, suchte er auch, der Oberfläche seiner Vasen die ganze Palette möglicher Malfarben zu erschliessen. Henri Bergé begleitete ihn auch darin. Das Ergebnis fiel derart überzeugend aus, dass die Nähe der dieses Unterfangen bezeugenden Vasen zu den Bildern verspäteter Impressionisten wie etwa Lorraine Colle und Peccate, unverkennbar aufzeigt, wie die Daum Manufaktur zu jener Zeit die Glaskunst bis an die Grenzen der Malkunst vorzutreiben wusste.

Übrigens haben wir ja auch schon gesehen, wie Daum seit 1899 durch seine Zwischenschichtdekors eine andere Art der Kombination des Glases mit der Malerei perfektionierte. Er verband damit den Eindruck von Tiefe mit eindeutig bildlichen Eigenschaften.

Die Verbindung von Metall und Glas

Beim Grand Prix der Weltausstellung von 1900 wurde man vor allem durch die Lampenkreationen auf Daum aufmerksam. Im Laufe der entsprechenden Vorarbeiten entstand die Idee, Metall mit Glas zu verbinden. Damals wurde auch Majorelle in diese Realisationen einbezogen. Die Opazität des Metalls und die inhärente Rauheit dieses Werkstoffs betonten die Transparenz und Feinheit des Glases noch zusätzlich. Auch die delikaten Farbabstufungen wurden durch die dunkle Farbe der Montierung unterstrichen. Die spektakuläre Seite der grossen, rosaroten Wildrosenlampe erfreute sich grosser Beliebtheit. Dann führte die Schneeglöckchenlampe die letzte Dekorart ein, die wir hier erwähnen wollen, bei der sich Form und Funktion vermischen, und die Vase zur Blume wird.

Verschmelzung von Form und Funktion

Am liebsten würde man einen ganzen Garten rekonstituieren, aus Angst, die eine oder andere dieser Kreationen aus Tulpen, Wildrosen, Rosen, Disteln und Anemonen zu vergessen. Und man mag sich in bezug auf die "raison d'ètre" dieser Ausdrucksweise am Vorabend des Krieges fragen, ob es sich dabei wirklich um Moderne oder vielleicht um Degeneration handelte. Es ist jedoch unmöglich, die Ausdruckskraft einer Sprache zu ignorieren, die zwar etwas überholt scheinen mag, aber dennoch durch ihren nostalgischen Charme zu bestechen weiss.

Manchmal findet sich die Verbindung des Glases zum Metall wieder, manchmal dient allein das Glas in verschiedenen Farben dazu, die Poesie zugleich naturalistischer wie dekorativer und poetischer Objekte - etwa die der wilden Rose - umzusetzen.

1914, bei Ausbruch des Krieges, schlossen die Werkstätten. Dieser Unterbruch in einem Moment, an dem die Entwicklung cer technischen Forschungen bis zu den äussersten Ausdrucksmöglichkeiten des Dekors vorgestossen waren, ging eine Übergangszeit voraus. Die Veränderung, die auch nachher noch andauern sollte, gründete aber auch auf einer Geschmacksentwicklung und dem Beitrag neuer Mitarbeiter, die den Geist der neuen Erzeugnisse prägten. So etwa jener von Charles Schneider, der - bevor er 1913, zusammen mit seinem Bruder Ernest, eine eigene Glasmacherei in Epinay-sur-Seine gründete - für Daum arbeitete. Aber man spürte auch den Einfluss von Marinot und die Geburt des Art Déco in der Entwicklung der Farbpalette, Dekors und Formen. Bläschen und glänzende Goldblättchen triumphierten, und die Transparenz eroberte sich ihren Platz zurück. Das Dekor wurde rigoroser, nüchterner, die Techniken weniger anspruchsvoll.

Gallé war bereits seit 1904 von der Bildfläche verschwunden. Der Glanz des Jugendstils war erloschen. Nur Daum schien von einem neuen Lebenshauch gekennzeichnet, dem zwar das Parfüm vergangener Zeiten entströmte, der aber auch entschlossen den Anbruch der Moderne verkündete.

Claude PÉTRY

Konservatorin des Kunstmuseums Nancy.

Abbildungen: Vasen mit ägyptischen Glasmachern, inspiriert vom Fresko von Benni-Hassan. Dunkelviolettes, ätzmattiertes Glas - 1895 - Höhe 12 cm - Sammlung CFC Daum.

Wir bedanken uns für den Beitrag zu diesem Werk von :

Catherine Chagneau - Noël Daum - Jean-François Eon - Büro Ader Picard Tajan - Büro Beaussant Lefèvre - Büro Chayette Calmels - Büro Desbuisson - Büro Lenormand-Dayen - Büro Loudmer - Büro Millon Robert - Büro Pillon - Daniel Gohier - Isabelle Gruffaz - Frédérique Haeffner - Laurence Leclerc - Gilbert Mangin - Félix Marcilhac - Dominique Papiot - Nathalie Pénot - Marie-Christine Perreau-Saussine - Claude Pétry - Dominique Rampal - Valérie Solivérès - Juan Soriano - William Wheeler - Sophie Xuereb - Robert Zéhil.

PHOTOGRAPHIEN : Bénédicte Petit, Photographien Umschlag und Seite 37, 40, 42-43, 44, 46-47, 49, 50, 62-63, 77, 86, 90, 98-99, 100-101, 105, 106-107, 112-113, 117, 121, 127, 144 (oben), 145, 147, 150, 151, 154 (oben), 155, 159, 161, 163, 164, 165, 173, 174 (rechts), 177, 178-179, 181, 182-183, 184, 185, 188-189, 191, 193, 211, 214, 216, 222, 223, 224-225, 228-229, 230, 231, 232-233, 234, 235, 236, 237, 238, 239, 240-241, 242, 243, 244-245, 246, 247, 248-249, 250-251, 252-253, 254, 255, 256, 257, 258, 259, 260, 261, 263, 266 - Reproduktionen Seite 64-65, 66, 67, 92, 93, 108, 109, 128, 129, 142, 143, 168, 169, 170-171, 204, 205, 220, 221.

Gilbert Mangin, Seite 38, 39, 41, 45, 48, 51, 54, 55, 56, 57, 68, 75, 80, 81, 82, 84, 87, 88, 91, 94, 95, 103, 104, 115, 118, 125, 136, 138, 148, 153, 157, 158, 172, 174 (links), 175, 176, 208.

Chrysler Museum, Norfolk, Virginia, Vereinigte Staaten, Seite 123, 156, 180 - Desbuisson, Seite 206 (links) - Büro Ader Picard Tajan, Seite 52, 59, 69, 70, 72, 74, 76, 79, 85, 89, 96, 97, 114, 120, 132 (links), 139, 144 (unten), 149, 160, 197, 198, 201, 202, 212, 215 (rechts) - Büro Beaussant-Lefèvre, Seite 58, 116, 119, 131, 132 (rechts), 133, 140, 141, - Büro Chayette-Calmels, Seite 60, 130, 152 (rechts) - Giraudon, Seite 23, 27, 29, 31, 32, 34 - Félix Marcilhac, Seite 219, 226, 227 - Sammlung Noyori, Photograph T. Hayashi, Seite 162, 166, 167, 186, 187, 192, 194, 195, 199, 200, 203, 206 (rechts), 209, 213, 215 (links), 216, 217, 218, 219 - Gewerbemuseum Paris, Photograph L. Sully-Jaulmes, Seite 71, 73, 122, 190 - Kitazawa Museum, Suwa, Japan, Seite 53, 83, 110, 111, 124, 126, 134, 137 - Museum der Ecole de Nancy, Photo Studio Images, Seite 135 - Réunion des Musées Nationaux, Seite 24 - Robert Zéhil, Seite 154 (unten), 196 - Rechte für die nicht aufgeführten Seiten vorbehalten.

GEDRUCKT IM MÄRZ 1992
MAILAND, ITALIEN DRUCKEREI PIZZI
PHOTOGRAVUR PRODIMA - BILBAO

HOCHBERGERSTRASSE 15 CH-4002 BASEL
ISBN Nr. 3-909158-72-2